確かな国語力を育てる国語科授業の探究

山本　名嘉子

溪水社

まえがき

　今日、生きる力として、また学力向上の基盤として、国語力の充実を求めて多くの学校が真摯な努力を重ねている。幸いにもその実践研究の場に参加し、共に研究する機会を多くいただいた。その学校数は、ここ二年間でも二十校に余る。その一つ一つが国語教育の実践課題をとらえ各学校の教育課題に基づいた研究主題を設定し、学習者を見つめ、学習者の変容を目指した着実な授業づくりを中核におくものであった。こうした実践研究の継続は、自らの授業を確かなものとし、教育実践の変革を導く知見と力を育てるものとなっていった。日々の多忙の中でこのように取り組んでこられた学校、そして一人一人の教師の意欲と熱意に改めて深い感動を覚える。

　しかし、このような実践によって導かれ検証された貴重な教育的営為の成果は、各地の教育現場でどのように受け止められ、実践に生かされているであろうか。学校の教育研究に参加してみて思うことは、それぞれの学校の教育実践がこれまでの成果を生かし、さらに新しい視点をもって研究され実践が積み重ねられていくことにはなかなかならないことに気付く。このような事態を招いている原因はさまざまにあるであろうが、しかしこのことは残念なことである。

　教育実践の事実から何を学ぶか、中でも授業をどのようにとらえ、そこから自らの課題と結んでさらに研究を深めていくことは決して容易なことではない。

　そこで、本書では、確かな国語力を育てることを視点におき、多くの実践の成果を整理し、体系化しようと試みた。確かな国語力を一人一人に身につけさせるために、一人の授業者としてはどのように取り組めばよいか、また学校の教育研究としてはどうあればよいかの筋道を実践の中から見いだそうとしたのである。そのために、可能な限り実践の具体を、事実を伝えようと配慮した。

国語教育実践の筋道は、先達の優れた理論や実践に支えられたものであることは言うまでもない。先達の知見に学び、自らの実践を謙虚に振り返るところに新しい国語教育実践の道筋は生まれるであろう。

本書は次のように構成されている。

第一章では、教育研究の実際の場で把握した国語科授業の実践上の課題を提起した。

第二章では、学習者の主体的な言葉の学びを育てる授業のあり方を二つの事例から考察した。

第三章では、確かな国語力を育てるために、個に応じる指導の取り組みを取り上げ、実践のための基本的な理解と個に応じる授業について実践事例とともに課題を示した。

第四章では、指導と評価の一体化が求められているが、どのように評価し、それを授業に生かし、また授業を変えていくかについて評価に取り組んだ学校の実践事例を基に述べた。

第五章では、国語科単元づくりについて、単元計画の手順をはじめ、研究との関係を明確にした指導計画案の書き方などを具体的に示した。

第六章では、国語科授業の一時間一時間を充実したものにするための課題を取り上げその改善を具体的に提案している。

第七章では、授業を変える、学校を変える授業研究の事例を考察し、学校の授業研究のあり方について提案している。

終章として、授業を支えるコミュニケーション能力についての講話を取り上げた。コミュニケーション能力でもある「伝え合う力」は、国語科の目標の一つであり、ことばの学習としての意義も深い。また、人間関係力の一つとして、さらには学ぶ力としても欠くことができない重要なものである。伝え合う力の育成については、関わった多くの学校が取り組み実践研究は充実している。改めて稿を起こし、今後の教育研究に生かしたいと考えている。

実践研究の場を提供し、紀要等実践に関する資料をご提供くださった各学校及び各先生のご多忙のなかでのご協力に心から感謝申し上げるとともに、小著を検討資料として今後の教育実践研究に少しでも役立てていただければ幸いである。

最後に、ご支援を賜った安田学園安田實理事長に心から感謝申し上げる。また、溪水社木村逸司社長の温かいお励ましとご尽力を記して感謝の言葉としたい。

平成十七年　五月

山本　名嘉子

目次

確かな国語力を育てる国語科授業の探究

確かな国語力を育てる国語科授業の探究

第一章　確かな国語力を育てる国語科授業の課題

平成十六年十二月、ＯＥＣＤの学力調査結果の発表によって、「読解力」の低下が指摘された。この問題を巡って、国語力に関する数々の論議が生まれ、このことがかえってことばの力がすべての基礎・基本であることを改めて認識することになった。

言うまでもなく、ことばは人格形成の根幹にあり、学ぶ力を支え、生きる力となるものである。

このために、国は、様々な施策を設け、特に研究指定校の設置によって国語力の向上を図ろうとしている。また、広島県においても学校教育の根幹に「ことばの教育」を据え、ことばの教育計画の作成を求め、ことばの力の充実を求めている。

学校はこれらを受け、それぞれの実態に応じて熱心に取り組み、成果を挙げている。これらの授業実践の成果に学びいっそうの充実を図るために課題を明確にしたいと考える。この章では、学校の授業研究を通して明らかにした確かな国語力を育てる授業実践についての諸課題について述べる。

一人一人に確かな国語力を育てることは国語教室の最も重要な課題であるが、真摯に国語科実践に取り組んできた者にとっても、このことは決して容易なことではない。その道筋は一つではなく、学習者の実態によっても、学習内容によっても一様ではない。そこに求められるのは学び手の自ら学ぼうとする意欲と指導者の共に育つことを基本においた創意工夫に溢れた実践である。

1　確かな国語力を育てるために

(1) 育てるべき学力を明確に

確かな国語力をどのようにとらえるか。平成十五年十月、中央教育審議会答申「初等中等教育における当面の教育課程指導の充実と改善方策について」において、「確かな学力」について次のように示している。

確かな学力とは、知識や技能はもちろんのこと、これに加えて、学ぶ意欲や自分で課題を見付け、自ら学び主体的に判断し、行動し、よりよく問題を解決する資質や能力等までを含めたものである。

さらに、確かな学力を育成するために、実生活で働く力とすること、知識や技能と思考力・判断力・表現力の相互の関連づけを図ることなどが提言されている。

国語科において育てる確かな国語力も、この視点からとらえるべきである。確かな国語力は、表現と理解の能力と技能が確実に身に付き、一体となって機能し実際の場面で使える力であり、応用が効く力であるととらえたい。学習すべき内容は、具体的には学習指導要領に示された目標・内容である。

(2) 国語力を育てる指導計画の作成と評価

ア　学力の習得と定着の見通し

まず、学習指導要領の一つの指導事項が習得され、定着していく過程を見通した年間の指導計画が必要である。まず最初に学習するのはいつ、どの教材でなのか。次に、繰り返して学習する教材はどれか、さらに、繰り返して学習するのはどの教材でなのか。そして、二年間で完全にどの子にも確かな力を身につけるのである。この見通しをもって授業に臨めばそれぞれの段階での重点の絞り方が明確になる。そのための指導計画は、縦軸に指導事項を、横軸に単元を示す形式の年間指導計画を作成するとよいであろう。それをもとに、評価をしながら指導の改善や個別指導を取り入れていけばよい。

イ　総合的な学習や学校生活との関連を密接に

確かなことばの力は、ことばが生きて働く場で使われることが大切である。そのためには、国語科の時間の指導と関連させた総合的な学習や学校の生活や他の教育活動との関連を視野に入れて、積極的に意図的に計画することが必要である。ことばの生きた場面での学習の機会を工夫したい。

ウ　年間指導計画表に実施後の評価欄を

各学校では、学校の課題を盛り込んだ年間指導計画を作成し、保護者に開示している。そこには、指導目標と単元、評価が示されていることが多く、その学年に指導すべき内容を示したものになっている。学習指導要領は、二年間において習得すべき内容を示しているが、実際の年間指導計画はこの点に配慮したものになっているだろうか。検討すべき課題の一つである。このことは、年間を通しての指導計画の評価がなされていないことでもある。呉市立片山小学校では、一学期の学習を評価し、二学期の目標と内容の見直しを図り、評価を実践に取り組み成果を挙げている（『確かなことばの力を育てる』呉市立片山小学校）。

エ　学校の教育課題に基づいた目標の重点化

学校は、児童の実態や地域の課題に基づいて教育目標を設定し、実践課題として研究主題を策定している。このような実践課題に基づいて教育実践や教育研究は行われているが、このことは年間指導計画にあまり反映していない。例えば、読む力の充実が課題であっても年間の指導計画にはそのことが意図的に示されていないことが多い。このことは、年間指導計画が形骸化していることを示した事実の一つである。

各単元に評価は位置付いているが、年間を通した指導の評価がなされていないことが問題なのである。

2　主体的な国語の学習を育てるために

授業は常に、教えたい教師の思いと学ぶ側の子どもたちの願いとのずれのなかに行われている。ことばの学習は学び手の主体的な言語活動によって充実したものとなる。子どもたちの側に立って授業をとらえ直してみるところに鍵はある。

(1) 子どもの側に立って授業を発想する―子どもをとらえる視点

子どもたちが学びたいという授業をつくるために子どもの側に立って授業を構想したい。そのためには、まず学習者の実態をとらえなければならないであろう。学習者の実態とこれから計画しようと思っている授業内容を検討し、求める学習は成立するかどうかについて考えることから始める。具体的な学習内容を想定し、次の点について検討してみよう。

ア　この学習のスタートに当たって、学力等の補充の必要はないか。
イ　学習者の意欲など、学習に向かう構えはできているか。
ウ　学習内容は、学びたいものであるか。
エ　学習の目的と方法は理解できているだろうか。

オ　学習過程でつまずくことはないか。

(2) 言語活動の必然の場に立たせる

主体的な学びは、主体的な言語活動に支えられている。主体的な学びを呼び起こす魅力ある言語活動とはどんなものであろうか。魅力ある言語活動とは、おもしろそうだ、やってみたいと思う言語活動である。それは、学び手の興味・関心に沿っていること、必要な活動であること、学び手にとって意味のある言語活動であることなどの条件を備えている場合である。また一方、指導者は、その言語活動が目標とする学力を育てることができる質のよい言語活動になっているかどうかの吟味を忘れてはならない。

さて、一つの言語活動が学習者の主体的な学習を喚起するためには、その活動が必然の活動になることが求められる。このことは、学習において「実の場」に立たせることでもある。例えば、「手紙を書く」の言語活動が施設の見学などで感激をしたそのお礼状である場合、進んで手紙を書くことになるであろう。手紙を書きたい、書かなければならない必然の場に立たせることが肝要である。主体的な学びはこうして生まれる。第二章はこのことに関連した事例の考察である。

3　確かな国語力の定着を図る単元の構成と展開

(1) 単元検討の視点

指導目標と言語活動とを組み合わせて、授業の大きな流れをつくる。単元の構成である。大まかな単元の構成ができたならば、次の点について検討してみよう。次に示したア～ケは、単元づくりの視点でもある。

ア　指導目標は明確か。
イ　目標を達成する言語活動が位置付いているか。
ウ　指導すべきことと学ばせることとは明らかになっているか。
エ　単元は学力の定着を図るものになっているか。
オ　基本学習から、応用学習・発展学習と進む過程に無理はないか。
カ　学習内容の習得の徹底は図られているか。
キ　一人一人の学習の成立のために個に対応する指導の工夫はあるか。
ク　評価の視点と方法は明確になっているか。
ケ　つまずきの回復の計画は用意されているか。

(2) 国語力の定着を図る単元の構成

きちんと指導したが国語力が身に付かないという悩みを持っている教師は多いであろう。その原因は様々であるが、その一つに言語活動の問題がある。まず、十分な言語活動をさせないで、理解した状態のままで終わっていることがある。質のよい言語活動を通して学ばせていないのではないか。第二には、学習をしたが、習得にとどまって習熟に至っていない。繰り返して学習する機会が作られていない。また、自分でやってみて確かにできるという段階に至る学習が不足している。第三に、応用力が育てられていないのではないか。学んだことを応用して行う学習の機会が十分でない。このことは単元の指導計画にこれらを組み込むことによって克服できるのではないだろうか。次に示す学習を単元の構成に組み入れてはどうであろうか。そのためには、つけたい力を基礎・基本に絞り込んでゆとりのある計画にしていくことが重要である。

・基本学習とつまずき対応学習
・基本学習の繰り返し学習
・基本学習の発展としての応用学習

(3) 個に対応する手だての具体化

一人一人に確かな国語力を育てるためには、授業における話し合いや伝え合いが重視されなければならない。しかし、それだけではなく、基礎的な学力の不足で学習が成立しない児童や、もしくは一斉の学習では何らかの理由で十分理解が得られなかった児童もいるので、単元の学習過程で個に対応する指導を組み込むことが必要になる。その方法は、実態に応じて多様な指導の工夫が必要であり、次の視点で検討したい。このことは、詳しくは第三章で取り上げる。

ア　T・Tや少人数指導の活用
イ　個別指導の場の工夫―課題別学習や習熟度別指導
ウ　個に応じた指導の工夫
　・個に応じた学習の手引き
　・ワークシートの工夫

個に応じた指導の単元づくりについては第五章でも取り上げている。

(4) 一時間の授業の充実のために

一時間の授業の充実は、目標を明確にした緻密な授業構築の上に成り立つ授業におけるコミュニケーションが大きく影響する。学習者と教師、学習者同士のコミュニケーションの充実をいかにするかが、分かり合う・学び合うことを創り出す。これに加えて学習の質を高めるために、次の点について検討したい。

ア　自ら学ぼうとする意欲を引き出すこと。

イ　教材研究・言語活動研究を学習者の側に立って深くすること。

ウ　評価を位置づけた指導で確かな指導とすること。

最近の授業参観では、授業計画に緻密さを欠く場合があることに気付く。この原因の一つに、教材研究の不十分さがある。また、言語活動についてもその目標が明確でなく、活動があっても適切な指導がなされていない場合が多い。また、児童の活動に対する支援やつまずきについても課題がある。活動していれば力がつくといった安易な考えを改め、児童の学習状況をしっかり見極め、適切に指導と支援をしたい。このことについては第六章で取り上げている。

4　豊かなことば学びの場を―家庭・地域と結んで

(1) 生きたことば学びの場としての総合的学習

ことばの確かさは、ことばの豊かさと深く関わっている。ことばの豊かさは、自然や生活のなかで生まれた感動体験によって育まれる。また、多様な人との出会いや目的を明確にしたコミュニケーションの場などの必然性が確かな生きたことば学習の場を創り出すであろう。総合的な学習の時間における目的を持った主体的な活動は、貴重なことば学びの場である。総合的な学習では、さまざまな場面に生きて働くことばの学習場面を見出すことができる。また一方、総合的な学習の充実も国語力の充実なしにはありえない。国語科の学習との連携を計画的に図ってみてはどうであろうか。

（2）生きた伝え合いの場―ゲストティーチャーの活用

ゲストティーチャーを教室に招くことは、普段の教室にはない伝え合いの場を創ることになる。言うまでもなく目的を持って招くのであるから話される内容に重きをおいた学習である。しかし、話されたこと、教えてもらったことを確かに理解するには、お互いの伝え合いがなければならない。このような学習の場面は、またとない伝え合う力を育てる場面となる。例えば、地域のお年寄りに昔の遊びを教えてもらう学習をする。その活動の場はお年寄りとのまたとないコミュニケーションの場であり、この活動を通してお年寄りとの伝え合いの体験をすることができる。年齢を刻んだお年寄りのことばをしっかりと聴く、理解したことや自分の思いをよくわかるように伝える。これまでに学習してきた伝え合う力が生きる場面である。しかし、こうした活動場面において、児童が活動を楽しんでいる光景はよく見るが、ことばの学習としての意識が指導者に感じられないことが多いのが残念である。

（3）豊かな読書を育てる

豊かなことばは、読書によって導かれる。読書指導として、「朝の読書」の時間がほとんどの学校に設定され、読書活動が推進されている。林公氏の提唱された「朝の読書」の進め方がそのまま取り入れられている。教師は一緒に黙って本を読むという形である。しかし、子どもたちの読書の実態はどうか、教室でみる読む力では本を見ているだけの児童もいるのではないだろうか。実際、「自分で読みなさいと言ってもあの子には無理でしょうね」という教師の声も聞いた。読書を勧める、本を手にとって読む喜びを味わうといったことができるようにするためには、教師の積極的な取り組みが必要となる。読み聞かせが必要な場合もあるであろう。児童の読書実態をよく観察して取り組みの改善を図りたい。

また、国語科の学習では積極的に読書指導の計画を持って取り組みたい。他教科の学習でも本の紹介をするなどしてすべての教育活動で読書指導に取り組むようにしたい。

読書の習慣を育てるためには、家庭との連携も必要である。家庭との連携によって読書活動を推進している学校もある。それぞれの実情に応じて取り組みを工夫したいものである。いずれにしても、子どもの本についての情報を豊富に、本の楽しさを伝えることも重要で、教師も子どもたちにブックトークなどができるようにしておきたい。

5　授業力を高める授業研究のすすめ

各学校が多くの時間をかけて熱心に行っている授業研究に改善すべき点はないのであろうか。一人一人の教師は主体的に授業研究に参加しているだろうか。教師として自分の授業力を高めることは最も重要な課題である。学校としても、教育目標の具現化において授業研究は欠くことができない問題である。

そのために、各学校ではさまざまな取り組みを工夫して、一人一人の教師の主体的な研究を促している。

授業研究は、自分の授業をすなおにふり返ってみるところから始まる。自分の授業をふり返ることなくしては自己の授業力を向上させる授業研究は成り立たないといってもよい。しかし、自分の授業をふり返ることはなかなか難しいことなのである。自分の都合のよいように考えてしまうことは避けられない問題であるかもしれない。

このことを克服するために、次の四点を提案する。

まず第一は、授業記録をとることを勧める。特に、ビデオによる記録は自分の気づかなかった問題に気づかせてくれるであろう。

第二に、他者の評価を取り入れる。授業を参観してもらった時に評価表を書いてもらう。さらには、児童の評価も参考になる。

第三に、授業についての話し合いをもつ。率直に語り合うことができるようになれば他の人の授業からもたくさんのことを学ぶであろう。

第四に、授業をどのようにしたか、目的や方法、学習の状況などを記録し考察する。さらに授業評価や授業後の話し合いから学んだことをまとめる。このように授業の実践記録を整理し、まとめる過程でさまざまな発見がある。次はこうしようといった考えや課題は必ず書き留めておきたい。

学校の授業研究については、第七章で取り上げている。

教師を職業とするからには、自らの授業研究の場を確かなものにしておきたい。学校の、公式の場の研究だけでなく、気のあった同士で取り組むことやサークルへの参加なども大切である。こうした場での積み重ねは、授業力の向上のみならず教師生活の大きな支えになるであろう。

以上確かな国語力を育てるための諸課題を授業を中心において取り上げてみた。十分なものにはなり得ていないが、これらはすべて学校での国語科の授業研究を通して学ばせていただいたことである。共に研究をさせていただいた各学校に感謝を捧げたい。

第二章　主体的に学ぶ子どもを育てる国語科の授業を創る

1　主体的に学ぶ国語科の授業をつくるために

教科書教材を順番に教えていく国語学習では、子どもの学ぶ意欲は生まれてこないであろう。子どもの側に立って授業をふり返ってみると授業の問題は明らかになってくる。子どもたちにとって、学びたい授業になっているだろうか。教えたいことを学びたいことに変えていく努力をしていたであろうか。

まずは、子どもの側に立って授業を見直すことから始めたい。そのために、次の視点で自らの授業をふり返ってみよう。

○　子どもの興味・関心を生かして学びたい内容や活動になっているか。
○　子どもたちにとって学ぶ必然性のある内容であるか。
○　つけたい力を明確にしているか。
○　主体的な言語活動を成立させるようにしているか。
○　一人一人の学習が成立するような個別の指導・支援を工夫しているか。
○　自ら学ぶ力を育てているか。

大切なことは、学び手である子どもの実態をどのようにとらえるかである。子どもの学ぶ姿の中に主体的に学ぶ授業づくりの手がかりはある。

2　主体的に学ぶ子どもを育てる国語科単元学習の実践
――福山市立山野小学校――

生き生きと目を輝かせて学ぶ子どもたちの姿を目のあたりにした教師は、そのための準備や苦労がどんなに大変であってもその労を厭わないものである。子どもたちとともに授業を創り出していく教師の姿勢がこうした授業をつくり出す基盤である。すなわち、学び手の子どもたちが主人公となる授業、子どもたちの学びたい願いが育てられ、子どもたちが生きる授業を創り出す。これを実現できるのは国語科単元学習である。豊かで、確かな学びを創り出す国語科単元学習の実践をここでは取り上げたい。

福山市立山野小学校は、「自ら学びいきいきと活動する子どもをめざして―自分の言葉で表現する力を高める―」をテーマに国語科単元学習の研究をスタートさせた。依頼を受けて、六年間、主体的に学ぶ国語科の授業を求めて、共同で実践を追究した。

その研究の概要は、『学びを創る　動き出したこどもたち～国語科単元学習・総合的な学習を通して～』（福山市立山野小学校編著　溪水社）にまとめられた。そこには、実践を通して確かめられた国語科単元づくりの過程が明らかにされ、数多くの豊かな国語学習が報告されている。

（1）教師を変えた子どものことば

教師が変わる、授業を変えるきっかけはどこにあるのか、一緒に共同研究に取り組む時の一番の課題である。授業を変えようと教師が決意するときの最大の要因は、子どもたちの発する「ことば」であろう。教師が子どもたちのことばにすなおに耳を傾けることができたとき、授業を変えるいとなみは始まる。

井上貞女氏は、山野小に転勤してきたときの印象を次のように語っている。

「私たちは、今までいろんな問題が起きた時、いつも先生に解決してもらってきた。問題が解決するのはうれしいんだけど、私たちは、自分たちで問題を解決したいのです。」

山野小学校に転勤して受け持った6年生が日記の中に書いてきた文章である。子どもたちのこの言葉を聞いた時の自分の心の揺れを今でも覚えている。自分がやってきた教育はいったい何だったのであろうと。（中略）

そんな時に出会ったのが、国語科単元学習であった。国語科の研究を進めている私たちにとって、国語科単元学習との出会いは、授業を通して「子どもの側に立った授業」をどう作り上げていくかの挑戦であった。それは、指示待ちの子どもたちにしてしまった私たち教師一人ひとりの、自分への挑戦であった。教えるだけの授業から、子どもが学びたいという気持ちを育てながら、自ら考えて表現する力を育てていく授業へ。

井上氏のこの文章からは、実践を求め続けて手がかりを掴むまでの過程がよくわかる。子どものことばに自らをふり返り、進むべき方向を確かにしている。このことが、このあとの授業研究を支えている。子どものことばに耳をすまし、子どものことばをしっかりと受け止め、育てるべき力を明確にし、子どもとともに学びを創り出すという授業づくりの基本の考えを自分のものとしたのである。

(2) 子どもが主体的に学ぶ授業づくりの基本

授業づくりの視点として確認していったことの要点を前掲書から取り出してみる。

①「生き生きと活動する場」の工夫

生き生きと活動する場を次のようにとらえた。

ア　子どもの思いや願いから出発した　〜したい場

イ　〜せざるをえない場

ウ　体験活動を通して学ぶ場

例えば、社会科の学習や総合的な学習との関連を持たせて、「昔の山野を知りたい」などの活動や、「どうしてもインタビューしなければ」の目標を持たせることである。

表現活動が「必然の場」になる条件として次の点を確かめている。

②表現活動が「必然の場」になるための観点

ア　目的意識を持たせる―何のために表現するのか。

イ　相手意識を育てる―誰に伝えるのか。

ウ　伝える内容を明確にする―何を、どのように伝えるか。

エ　活動のイメージを持つ―学習活動の見通しを持つ。

オ　自分を意識する―個人の目標と評価の観点をはっきりと持つ。

また、子どもたちが学びたくなる学習内容を盛り込んだ単元を構想するために、次のような視点を設定して取り組んだ。

③学びたくなる内容・方法の工夫―単元を構想するために

ア　子どもの興味・関心を生かす。
イ　体験活動を取り入れる。
ウ　子どもとともに学習計画を立てる。
エ　さまざまな学習形態を工夫する。
オ　多様な学習方法を取り入れる。
カ　豊かな表現方法を工夫する。

実践を通して生み出した工夫は様々に示されている。まず、子どもの興味・関心を生かすためには、体験活動を重視している。各教科の学習や児童会の活動、学校行事などが国語科の授業に取り入れられてくる。

④自ら学ぶ力を育てる

学習計画を子どもたちと一緒に立てるようにしている。このことは、学習の主体は自分自身である自覚を生む。また、その過程で、学習の目的や方法を自分のものとし、学習の見通しを持つことになるであろう。自己評価力を育てることも併せて、自ら学ぶ力を養うこともねらったものである。

このように考え、単元づくりの手順を次のポイントに絞った。

⑤単元づくりの手順

ア　子どもの興味・関心をしっかりとらえて生かす。

イ　単元でつかいたい力と評価をはっきりさせる。
ウ　どのような言語活動が適切か考える。
エ　生き生きと活動する場を仕組む。
オ　全体の流れがわかる細かい指導計画を立てる。
カ　学習の手引きを準備する。

これらを基本に指導計画案を作成して実践を始める。

(3)国語科単元学習の実践へ

国語科単元学習について、松岡智浩(元山野小)教諭は、次のように記した。

「何をするの」「どうするの」

私が、国語科単元学習を始める以前の子どもたちの問いである。この時間どんな学習をするのかを知りたがって子どもは尋ねてくる。説明をすると「ふーん」と言うが、その顔はあまりうれしそうではない。ただ単に何をするかが分かっても子どものものになっていなければ、意欲はしぼんでいく。

国語科単元学習では、子どもたちに今、自分は何をしているのか、これからどうなるのかなど見通すために、学習の計画を子どもたちとともに立てる。子どもの興味・関心に沿ってゴールを決め、そこに至るまでにどんなことが必要なのかを考えるのである。

例えば、冒険やファンタジーの本を読み、ワクワクドキドキする言葉を集めたり、気に入った表現を探したりする活動を通して興味・関心を育て、物語を書くというゴールへとつなげる。子どもは、登場人物や出来事が必要なことに気づき、そこに教師が考える「つけたい力」を重ねて計画を立てる。登場人物の名前を考える頃には、「この子は、女の子でおてんばなんよ。」「この猫は、人間の言葉を話せるんよ。」といった性格に関わった設定を自らする子どももみられるようになった。見通しを持つことによって、より主体的に考え行動することができた。

一文を書くのに考え込むA児はゆっくりとしたリズムの中で言葉を選びながら文章を書いていく。(中略)恥ずかしがり屋で、どちらかというとおとなしいA児がB児の書いた文章を読み評価したことが「音のことが書いてあるからよくわかるよ。」であった。はじめは何を評価しようかと戸惑っていたA児は、授業前に渡していた手引きをもとに評価したのである。手引きは、児童が文章を書くときのヒントになればと考えていた。ところは、A児は文章を読むときにも役立てた。書くときには、書くことを中心、読むときは読むことを中心といった授業が多かった私にとって、このことは大きな驚きであった。国語科単元学習は、「書くこと」と「読むこと」や「話すこと・聞くこと」などをより自然に関連させて行うことができる。

単元「わたしたちのくすの木物語」によって授業の実際を見てみよう。

「わたしたちのくすのき物語」　指導者　松岡智浩

1　単元の計画

ア　学年　3・4年　3年7名　4年9名

イ　時期　一九九七年　十月

ウ　単元について

単元づくりの構想について、松岡教諭は、次のように述べている。

二学期になって、トウモロコシ畑にはいる体験があった。そのときの感動を五感を生かして短作文に書く学習をした。書くことに意欲を見せ始めたので、書く活動の原点になるように「想像の世界を作り上げる」学習をしたいと考えた。題材は、校庭にある樹齢百年にあまるくすの木がヒントになった。

さいわい本校には、樹齢百年を越える大きなくすの木があり、夏には、涼しい木陰を提供してくれる。子どもたちは、くすの木に登ったり、その下で土いじりをしたりしている。くすの木は、子どもたちの格好の遊び場となっている。また、このくすの木は卒業してからは懐かしい小学校時代を思い出させる一つのシンボルのような存在である。

そこで、題材との出会いは、家族の人、地域の人のくすの木にまつわるさまざまな思い出を聞き取る学習とし、そのことを通して物語作りの興味・関心を育てていきたいと考える。

木を中心におき自分の想像をふくらませる物語作りであるから、既成の作品で木にかかわる本を読んだり、紹介し合うことでイメージを作りたい。登場人物を考えたり、場面の様子を空想したりしながら自由に想像の世界を広げていきたい。

次に、読み手から書き手に立場を変える体験をしたい。自分が気に入った本を読むことで読書の楽しさにふれ、その中で本のどんなところが楽しかったのか、おもしろかったのかを明らかにしていく。そして、自分たちが明らかにしたことは、物語を作っていく観点として位置づけていきたい。例えば、場面・人物の設定、場面の様子や人物の気持ちといったことであり、読みの力をもとにして観点を設定する。物語は、三部構成（現実―非現実―現実）とする。非現実の世界を子どもたち一人ひとりの世界として、出来事を考え、自分独自の物語を書き上げたい。

また、学習は、自分が書いてみたいコースを選び、物語を書き進めていく。コースは、①冒険コース、②変身コース、③未来コース、④昔コースとする。

単元の計画は、次の二十二頁～二十四頁に示す通りである。

この単元では、次のア～オの学習活動が工夫されている。

ア　地域の人の話を聞く。

①　山野川の氾濫の時の話を聞いて、想像したり、聞いたことをことばで書き留める。

②　くすの木についての思い出を地域の人に話してもらう。くすの木が時間的なつながりを持って、人と人とを結び付けていることを学ぶ。物語をつくる大きなヒントになっている。

イ　くすの木を観察する、くすの木とふれあう。

ウ　物語を読む、物語の研究をする。読書を進めるために、読んだ本の帯づくりをして、本の帯の木をつくり、貼り出している。

エ　ことばあつめをして貼り出していく。（二十五頁に続く。）

2．単元の目標と指導構想

子どもの興味・関心

・劇のシナリオなど自分達で創作する場では、意欲を持つことができる。
・教室外での活動を好む。

［つけたい力］
・読書の楽しみ＝楽しかった自分の思いや理由を述べながら話すことができる。
・物語の面白さの要素に気づく。
・学習の最後の場面をイメージして、物語作りに関わる観点を持つことができる。
・適切な表現の仕方があることが分かる。
・人物設定ができる。
・場面設定ができる。
・時制（現実→非現実→現実）を分けて書くことができる。
・場面の様子や人物の気持ちがよく分かるように書くことができる。

［子どもの活動］
第一次
本の面白さを探す。
・今まで読んだ本の中で面白いところを探し出す。
第二次
学習計画を立てる。
・「わたしたちのくすの木物語」を作る学習の見通しを持つ。
第三次
・くすの木物語のプロローグをみんなで考える。
・それぞれのコースに分かれて物語を作る。
第四次
・友達の物語を読んで面白さを出し合う。

わたしたちのくすの木物語

3年
◎場面の区切りやお話の中心を考えて書くことができる。
○物語の進め方やいろいろな表現の仕方があることを理解する。
4年
◎段落の続き方を考え、出来事の様子をより詳しく書くことができる。
○言葉の使い方を工夫して、登場人物の気持ちがよく分かるように書くことができる。

3. 授業の計画

（1）指導計画（全十二時間）

次	時	形態	主な学習活動	評価項目（方法）	支援・留意事項
一	3	一斉	○お話のおもしろさを探す。 ・今まで読んだ本の中でおもしろい所を出す。 ・おもしろさの観点がみつけられるように好きな本をもとに好きな所を出し合う。 ストーリー、登場人物のキャラクター、設定の仕方、挿絵、時制の変化（現実↓非現実↓現実） ・話のおもしろさの観点を整理する。 ○家族の人や地域の人のお話の聞き取りをする。	・自分の好きな本を持って来たか。（観察） ・理由をつけておもしろさが話せたか。（発言） ・今までの読んだ本と重ねて理解できたか。（発言） ・めあてに向かって頑張ったか。（カード）	・今までに読んでおもしろかった本を持ち寄らせておく。 ・好きな本のおもしろかったところ（場面、様子）、好きなところを出し合う中でなぜそう思ったのか話させる。 ・出ないときは教師の準備したものを提示する。 ・聞き取りのめあてを持たせる。
二	1	一斉	○くすの木物語を書く学習計画をたてる。 ・くすの木にかかわって書く事を知り、見通しをもつ。	・学習に興味を示し、書く意欲をもったか。 ・具体的な活動が分かる計画になっているか。（観察）	・昔から今までの山野をよく知っているものの代表的存在としての「くすの木」に気づかせる。
		一斉	○くすの木物語を書く。 ・プロローグを全員で考える。 ・木を表現することば集めをする。	・くすの木を適切な表現で表しているか。（発言） ・想像したことをメモにかけたか。（自己、メモ）	・くすの木の観察をしておく。 ・木のことを表している本を用意する。 ・ワークシートを用意する。

三	6	個別 個別 グループ 個別	・構想メモを作る。物語は、現実→非現実→現実の構成で書いていく。 ・非現実の世界では、各自コースを選んで書く。 ①冒険コース ②変身コース ③未来コース ④昔コース ・グループ内で読み合う。 ・清書する。	・自分の書きたいコースが選べるか。（観察） ・その場の様子（色、音、大きさなど）がよく分かるように書けたか。 ・人物の動作がよく分かるように書けたか。 ・はじめ、中、終わりが意識できたか。（作品） ・グループ内の友達のよいところを見つけることができたか。（観察、発言）	・振り返りカードを用意する。 ・コース別の出来事の例を示す。 ・書き出しや場面の表現例を示す。 ・どのような作品をめざしているか分かるようにするために次のような点に気をつけて推敲させる。 ①非現実の世界での出来事は2つとする。 ②はじめ（出来事の起こり）、中（どう解決したか）、終わり（その後どうするか）の構成。 ③誤字、脱字はないか。 ④「　」は使ってあるか。
四	2	一斉	○友達の物語を読んでおもしろさを出し合う。	・友達のよいところを見つけることができたか。（自己、相互） ・楽しんで読んでいるか。 ・友達のよいところを見つけられたか。（観察、発言）	・お互いに認め合えるように付箋紙に書いて感想を交流する場を持つ。

オ　くすの木を題材にコースを選んで物語を書く。
①冒険コース
②変身コース
③未来コース
④昔コース

くすの木の下で考える子どもたち

くすの木の下でお話を聞く

この単元のア～オのそれぞれの学習活動は、国語科としての話す・聞く、読む、書くことの学習になり、言語の学習としても確かなものとなっている。

また、指導・支援については、次の図1～図3に示すように、学習の手引き・ヒントカードを用意して適切な個別指導となっている。また、ふり返りカードによって自己評価をさせながら学習を進めている。

この授業について、松岡教諭は五つの視点を取り出して考察している。学習の成果について、学習全般を通して意欲が持続していたこと、子どもたちが読み取った作品のおもしろさが物語作りに生かされていること、ことば集めをしたことの効果があったことなどである。また、単元全体の目標の設定が各学習段階の目標の明確化につながり学習意欲の継続となったこと、地域の人の話を聞く、家族の話の聞き取りをするなどの体験を通しての学習が表現意欲を高めたこと、手引きや付箋紙を使った指導が効果

図1 《構成メモ　1》

ふしぎな世界

◆好きなコースをえらぼう。番号に○をしてください。

①ぼうけんコース
②へん身コース
③み来コース
④昔コース

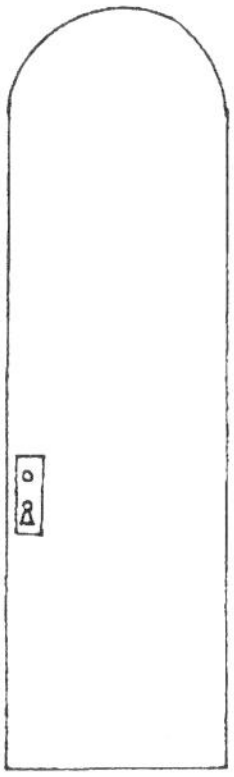

◆楽しいことやこまったことなどの、じけんやできごとを二つ決めよう。

①

②

☆まほうのドア
出口のドアです。

どうやって出ようかな？

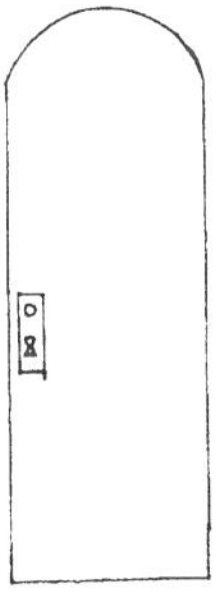

ふつうの世界

◆「つり橋わたれ」のトッコのように、主人公の心が変わることができたらすごいよ。

図２　《構成メモ　２（1、２で巻物になっている)》

ま法のドアの出方ヒントカード

このカードは、ま法のドアの出方をしょうかいします。ま法のドアの入り方のはんたいでもいいし、また、あたらしく考えてもいいですよ。

たとえば、

風

・すると、林のおくから、
「おおい、どこにいるのうっ。」

と言う声が聞こえました。そして、また、どっと風がふきました。

（つり橋わたれ）

トンネル

・とつぜん、足下に大きなあながあいて、ぼくは、すとーんと落ちてしまいました。気がつくとそこは、くすの木のあなの中ではありませんか。

光

・ガラガラドッシャーン。かみなりが落ちたような大きな音がしたかと思うと、わたしの体は七色の光でつつまれました。

音

・「○○ちゃん、起きなさい。そんなところで、ねているとあぶないよ。」
先生の声が、くすの木の下から聞こえました。

図３　《物語を書く時の　ヒントカード》

があったとも述べている。課題としては、指導者が児童の自己評価に対してどのように返していくかが課題であると反省している。

身近なくすの木を題材にして物語をつくるという、目的が明確な活動の設定がこの授業の成功をもたらした。表現力を育てる目標からそれずに、小さな活動を組み合わせて指導を工夫し、言語活動の組織化が効果的である。細やかな指導・支援も適切であった。

六年間を通して、山野小学校ではたくさんの単元が生まれた。多くは、子どもを見つめ、生活や地域と結んで教材を開発し単元学習にまとめている。子どもの主体的な学びを育て、表現力を育てるためにこのような教材づくり、単元の開発は必然のいとなみであったと思う。

3　多様な読み方を学ばせて主体的な学びを育てる実践

――安芸高田市立船佐小学校――

主体的な学びを育てるための試みの一つは、豊かな国語学習を体験させ、言葉を学ぶ楽しさを味あわせることであろう。決まり切った授業の展開や学習方法ではなく、国語科にもさまざまな学び方があることを知る、友だちの違った一面に触れるおもしろさを感じることができる、といった学ぶよろこびを感じる授業ができないものであろうか。一つの作品も多様な視点や方法で読むことができたならば、豊かな読みの学習の場を創ることができるであろう。自分の読み方で読み取ったものが豊かであれば友だちの考えを聞きたいと思うであろう。伝え合う場の豊かさは一人一人が豊かな学習を育てているところから生まれる。また、六年間に多様な読みの方法を学ぶことができたならば、それは自ら学ぶ力の基礎ともなる。ここでは、多様な読み方を学ばせて読む力を育てようと試みた安芸高田市立船佐小学校の実践に学びたい。

船佐小学校（桝宗富喜子校長）は、穏やかな田園地帯にある七学級一一五名の小規模校である。「確かに伝え合う力の育成」を研究主題として、読む力を育てることを中心に研究を進めてきた。実態を把握し、課題を明らかにした上で、国語科の年間指導計画、「読むこと」の指導計画、学校図書館利用計画、ことば育てカリキュラムなどの計画を整備し、手堅い教育実践を展開してきた。

具体的な取り組みとしては、次のような実践を試みている。

ア　授業の工夫

イ　「読書通帳」や「読書ノート」など家庭と結んだ様々な読書活動の推進

ウ　「授業はじめの3分間音読」「話し方・聞き方のルール」などことばを育てる日常的な取り組み

ここでは、読みの授業を中心に、多様な読み方を取り入れて豊かな国語学習を創り出そうとした試みについて述べる。

(1) 多様な読み方を取り入れた単元構成の工夫

単元作りの視点として、一つは、多様な読み方を学ばせる目的で児童の実態に合わせた単元作りが工夫されていること、二つには、読むことを中心としながら、「話す・聞く」「書く」ことを関連させて言語活動を工夫したところに特色がある。

1・2年生では、読むことを楽しむことが大切にされ、音読を重視し、ことばの響きやリズムを楽しむように様々な音読を取り入れている。また、書くことなどの基礎的な事項の指導を大切にしながら、ゲーム感覚で楽しく学べるようにしている。

3・4年生では、自ら問いを持って読み話し合うことを育てるとともに、興味を持ったことを調べて読むなどの主体的な読みの学習を育てようとした単元の構成に取り組んでいる。

5・6年生では、基本的な指導の徹底を図るとともに、学力差に対応するために興味・関心を生かしたコース別の多様な学習を組み込んだ単元作りを試みている。

多様な読みの手法を習得させ、読みの単元作りに取り組んだ結果、読む力として、一〇パーセントから一四パーセントの正答率の伸びがあったと報告している（平成十六年度『学力向上推進に関する合同発表会』資料）。

平成十六年度の研究公開（平成十六年十一月十二日）では、次のような授業が公開されている。

1年（小路幸子教諭）は、「どうぶつおはなしごっこ」について、説明文の記述の違いを読み取る学習をしている。ワークシートに書き込むこと、音読を繰り返しさせることを取り入れ、基礎力の徹底を図っている。

2年（崎田朋子教諭）は、「むかし話大すき」の単元を設定し、「読書のアニマシオン」の手法を取り入れ、できるだけ多くの昔話に出会わせる工夫として、「むかし話大すき、クイズ大会」を取り入れた。相手によくわかるように話すこと、大事なことを落とさずに聞くことを指導した。

3年（岡崎恵美教諭）では、「集まれ、世界のお話」の単元で、世界の民話を読み手にポップで紹介し、図書室におこうという目的で学習を展開した。読み手にわかりやすいポップ作りをするために強く心に残った場面の様子、気持ちを的確に表現することばを選ぶこと、構成を考えることなどを指導している。

4年（中本智教諭）では、「新見南吉の世界を旅しよう」の単元で、疑問に思ったことやみんなで考えたいことを発問カードとしてそれぞれが作り、読み進めようとした。「ごんぎつね」を基本学習とし、発展学習として新見南吉の他の作品を読み、お互いの交流をしている。

5年（大久保明信教諭）では、「環境について考えよう」の単元で、自分で調べたことを環境レポートとして書く学習を設定している。まず教科書教材で、事実と意見・感想とを書き分けること、全体の要旨をとらえてまとめる学習をした上で、自分の課題について調べレポートを書く。基本的な事項の指導が徹底されている。

6年（高森敬二・大崎亜希子・武添寿子教諭）では、読解力の差が大きく国語学習の興味にも大きな差が見られることに対応して、興味・関心に応じたコース別学習によって少人数化を図り、じっくりと読んだり、話し合ったりして国語学習のおもしろさを体験させようとしている。このコース別学習については、次に少し詳しく述べる。

それぞれのコースでは一人一人が読み取った大切な言葉や主題を小集団で話し合い、読みを深め、それぞれの方法で表現させた。最後には、コースでの学習を全体で交流する展開である。

第2次の2時間目の学習内容は次の通りである。

コース1　劇コース＝太一のせりふを考えることにより、太一の心の中の葛藤を叙述に即して読み取る。

コース2　関係図コース＝太一とクエの関係を図に表すことを通して叙述に即して太一の気持ちの変化を読

み深める。

コース３　詩コース＝心に残ったことを選び、伝え合うことにより、太一の心の中の葛藤を叙述に即して読み取る。

興味・関心を生かしたコース別学習では、児童の学習意欲も高まり、読み取る力も確かになったと報告されている。

(2)「読むこと」、「書くこと」、「話すこと・聞くこと」を関連させた授業の実際

実践事例　第１学年　『げきあそび』をしよう」　指導者　小路幸子

（１）第１学年　国語科

（２）単元名　「『げきあそび』をしよう」（くじらぐも）

（３）単元の目標

あらすじを押さえながら場面ごとの様子を思い浮かべたり、想像を広げたりしながら読む。

（４）本時の展開

①本時間の目標

くじらぐもに跳び乗り、空の旅を楽しむ子どもたちになって、気持ちや見えるものを想像してワークシートに書くことができる。

②観点別評価規準

読む　くじらぐもに乗って、空の旅をする楽しさや驚き、見える景色などをワークシートに書いている。

③学習展開

学習活動	指導上の留意点	評価規準
1．3分間音読をする。	・姿勢・口形・声の大きさ・速さに気をつけるように机間指導する。	
2．本時の学習のめあてをつかむ。 ・学習の流れを確認する。	空のたびをしている子どもになって、はなしたことや見えたものをかんがえよう。	
3．くじらぐもに乗って旅をしている時の思いや見えたものをワークシートに書く。	・空の旅の様子を読み取ることを押さえる。 ・教科書を参考に、海、村、町を見たつもりで書くよう助言する。	海、村、町のいずれかで見えたものについて一つ、様子を表す言葉と気持ちを表す言葉を使って書いている。（ワークシート）
4．ワークシートをもとに、一組がみんなの前で、対話遊びをする。 ・子ども役になって対話させる。 ・対話遊びの良いところを発表する。	・話型に気を付けて、お互いの立場を受け入れながら応答ができるようにする。 ・「発表内容」の視点から良いところを見つけさせる。	
5．ワークシートをもとに、二人組になって、対話遊びをする。	・何を話すか分からない児童には、ワークシートのどこを見たらよいかに気づくように支援する。	
6．対話遊びをもとに、ワークシートを見直し、修正や書き込みをする。 ・発表する。	・空にいるときの気持ち、見えたもの、色・形・大きさ・動き・それを見たときの気持ち等のいずれかが入っているか確かめさせる。	
7．本時の振り返りと、次時の予告を聞く。	・ふりかえりカードに記入する。	

（5）成果と課題

①「話す・聞く」を関連させて読みを深めるための「対話遊び」は、楽しんで学習に取り組め、想像したことをお互いが質問したり答えたりすることでさらに想像が広がり、ワークシートに書くことでより確かに読みが深まるので、物語単元の「場面を想像して読む力を付ける」学習方法としては大変有効である。

②「読む」ためにワークシートに書いて対話する学習をしたことで、「書く」力や「話す・聞く」力も伸びた。

③単元テストの「読む」領域の平均点は前単元は九七点、本単元は九十点で七点の減少があり、想像を膨らませて読むことの指導と共に、叙述に沿って読み取るために有効な指導方法も開発していく必要がある。

この取り組みについて、読む力も書く力も高まったが、「授業展開において、読み取ったことをより深めたり広めたりするための伝え合いの工夫が不十分で、考えを交流する力が十分付けられなかった」と報告している。しかし、「授業作りのポイントがわかり、ねらいが達成できる学習展開や評価の

音読を楽しむ子どもたち　船佐小学校

工夫ができるようになった」と指導者自身の成長についても報告している。校内の授業研究でさまざまな方法で読む力を育てる工夫を目の当たりにした成果であろう。このことは、大きな収穫である。

実践事例2　船佐小学校国語科学習事案

単元名　集まれ、世界のお話

第3学年　男子　7名　女子　8名　計15名

日時　平成16年11月12日（金）

場所　3年生教室

指導者　岡崎　恵美

つけたい力と子どもの姿

本学級は物語を読むことが好きな児童が多い。絵本などから長編に挑戦しようとする児童が増えてきた。しかしまだ、読書をする楽しさを感じるよりも活字に対して抵抗を持っていて「読みたい本」を見つけられない児童も3～5人はいる。そこで「三年とうげ」という朝鮮半島の民話を読み、世界の民話やお話の楽しさにふれることにより、読書の幅を広げるきっかけにしたい。2年生では「三まいのおふだ」を劇化するなどして日本の民話の楽しさを味わっている。そして、読んだ本の中からおすすめの本や好きな本の紹介をしたり、紹介カードを使って感想を伝え合ったりしてきた。しかしまだそれらの紹介は自分の中にある限られた言葉での表現方法にとどまっている。今回は世界のお話の楽しさ、おもしろさを「ポップ」であらわすことにより興味関心をもって読書の幅を広げたい。また短い文章で本の楽しさを表現することによって〝キーワード〟や〝要点〟をまとめる力もつけたい。

単元について

本教材は全体的にリズム・テンポがよく、起承転結の構成で楽しめ、何度も読んでみたくなるような話である。三年とうげで転んでしまったおじいさんは「三年きりしか生きられぬ」と寝込んでしまうが、水車屋トルトリの言い伝えを逆手にとった機転によっておじいさんが救われる。おじいさんが一喜一憂する場面をイメージ豊かに読み取りながら民話の世界を楽しむことができるであろう。また、いろいろな分野で国際化が進む状況の中で、外国の文化に触れながら学ぶということは児童にとって欠かすことができないという点で、隣国の文化・風土を感じることができるこの教材は、世界各国のお話をいろいろ読んでみようというきっかけにふさわしいといえる。

本単元では本教材をきっかけに世界各国のお話を興味を持って読ませるために世界地図マップを使って読み物旅行をしたり、お気に入りの作品の魅力を分かりやすく伝え合う方法のひとつとして《ポップ》作りをしたりする活動を取り入れる。出来上がったポップを通して自分が紹介した作品を友だちが手にしている姿を見た姿を見た喜びが、これからの読書意欲や本の世界を広げることにつながると考える。

研究主題「確かに伝え合う力」を持った子どもの育成

～読むことを核にしてことばの力を育てる～

読むことの指導方法の工夫

一斉音読や、3分間音読の時間を設け、繰り返し声に出して読むことにより、読むことに対して抵抗をなくしたり、登場人物の気持ちに寄り添ったりしながら民話の楽しさを味わわせたい。

世界のお話を、世界地図マップに表して読み物旅行をすることによっていろいろな国の話を読んで読書の幅を広げていくという意欲へとつなげたい。

自分の一番おすすめの場面や言葉を見つけられるようにするために挿絵を活用しながらイメージを膨らませたり、ワークシートの吹き出しに書き込みをさせたりしながら、みんなに紹介するポップ作りへの手がかりにさせたい。

「読む」ことから「話す・聞く」「書く」の関連を図る単元構成の工夫

おすすめしたい本を、みんなにたくさん読んでもらえるようにポップで表し、実際に図書室や学級の中におくという目的意識を持たせることにより、主体的な態度で読み取る力をつけたい。

読み手に分かりやすいポップを作るために強く心に残った場面の様子、気持ちを的確に表現する言葉を選ばせ、構成を考えた書き表し方の工夫をさせたい。また、その工夫を意欲的にできるように読んでもらえるポップを作ろうという相手意識をしっかり持たせる。

ことばの力の定着のための工夫

・国語科の学習では内容を正しく読み取る力をつけるために、3分音読やリレー読みを取り入れている。
・語彙を増やすために国語辞典を持参し、分からない言葉があるときは調べるようにしている。
・「おはなしのたね」というコーナーを設け、日常の出来事を友だちに伝えたり質問したりする場を作り伝え合いの力をつけている。

単元のねらい

○いろいろな地域や国のお話に興味をもち読んでいる。（国語に対する関心・意欲・態度）

◎友だちが読みたくなるように、工夫して「ポップ」作りをすることによって読書の幅を広げることができる。（読むこと　ア）
○おもしろいとおもったところと、その理由をまとめ、それぞれの感じ方に違いのあることに気づいている。（読むこと　エ）
○細かい叙述に気をつけて、情景を生き生きと想像することができる。（言語事項　エ（ア））

学習活動（全十四時間）

次	時	学習活動	評価 関ア	評価 読アエ	評価 言エ	評価規準	評価方法
一	1	・本屋さんにあるポップの写真をみておすすめの本の紹介の仕方を知り、「みんながたくさん読んでくれる本屋さん」になるためにポップ作りを取り入れた学習計画を立てる。	○			・世界のお話に興味を持ち、「ポップ」を作っていろいろな本の紹介をしていくことに意欲をもっている。	・行動観察 ・発表
	1	・全文を読み初発の感想を持ち、おもしろかったところや不思議に思ったところを発表する。		◎		・全文を読んでおもしろいな・不思議だなという感想を持ち書いている。 ・友だちの意見を比べながら初発の感想を発表している。	・ノート ・発表

	1	・初発の感想をもとに「三年とうげ」のポップを作る。		◎		・ポップにいろいろな形式や内容があることに気づき本の紹介に興味を持ちおもしろいところがよくわかるポップを作っている。	・作品 ・行動観察
二	2	・トルトリとおじいさんの様子や、トルトリの知恵について読み取り人物のおもしろさに気づく。		◎		・トルトリとおじいさんの様了やトルトリの知恵を読み取りワークシートにまとめている。	・ワークシート ・行動観察 ・発表
	1	・言い伝えと「えいやら　えいやら　えいやらや」の歌の違いを考えまとめる。		◎		・言い伝えと歌の違いを考えてワークシートにまとめている。	・ワークシート ・発表
	3（本時1／3）	・ポップに表したい文や表現を選んで「三年とうげ」の本のポップを作る。		◎	○	・ポップに表したい文や表現を選び、本のおもしろさが伝わるように短く文にまとめている。 ・「三年とうげ」をみんなに読んでもらうためのポップを意欲的に作っている。	・ノート ・作品 ・行動観察
三	1	・いろいろな国や地域のお話を読む。	◎			・いろいろな国のお話をすすんで読んでいる。	・行動観察
	2	・読んだ本の中から紹介したい本を選び、ポップを作る。		◎		・紹介したい本を選んでポップ作りを意欲的にしている。	・行動観察
四	2	・ポップを使って本の紹介をし、友だちのおすすめの本を読む。	◎			・友だちのおすすめの本を意欲的に読み幅を広げようとしている。	・作品 ・発表

本時の展開

（1）本時の目標

「三年とうげ」の本の紹介をポップに表すための文章や表現を選び短くまとめる。

（2）観点別評価規準

○読む　「三年とうげ」のお話のおもしろさを伝えるような表現や文を選びまとめている。

（3）学習展開

学習展開	指導上の留意点	評価規準
1　3分間音読をする。	・姿勢・口形・声の大きさに気をつけるように個別に支援する。	
2　本時の学習のめあてをつかむ。		
いろいろな人がたくさん読んでくれそうな「三年とうげ」のポップを作るための文を考えよう。		
3　「三年とうげ」をリレー読みする。	・姿勢・口形・声の大きさに気をつけるように支援し、よいところを評価する。	
4　「三年とうげ」のおもしろさを伝える場面や文を発表し、話し合う。	・前時までの読み取りをふりかえることができるようにまとめたものを準備しておく。（壁面掲示）	

5　ポップに書いたらいい文をワークシートに書き込む。	・あらかじめレイアウトされたワークシートを準備しておき、ポップに書き込む文だけを考えるように言う。 ・ワークシートに書くことが難しい児童には、机間指導により話し合ったおとを想起させる。	・トルトリとおじいさんの様子、トルトリの知恵、言い伝えの言葉や歌に注目して本のおもしろさが伝わるようにまとめている。（ワークシート）
6　学習のまとめをする。		
7　次時の予告を聞く。		

右に示した学習指導案は、研究主題と授業とのつながりを明確にし、研究の視点の、「読むことの指導方法の工夫」「『読む』ことから『話す・聞く』『書く』の関連を図る単元構成の工夫」「ことばの力の定着のための工夫」の欄を設け、取り組みを明確にしている。こうしたことが研究主題に沿った確かな授業づくりとなっている。

第三章　個に応じ、個を生かして確かな国語力を育てる授業実践

1　小学校における個に応じた指導の基本的な考え

一人一人の力を最大限に伸ばしていくことは、すべての教育活動において最も基本におかなければならないことである。個に応じた指導を考える場合も言うまでもなくこのことを忘れてはならない。

個に応じた指導が求められるのは、一斉授業では対応できない、学習の結果に影響を及ぼしている様々な個の状況や原因があるからである。個の多様性に応じた学習の場をいかに工夫していくかは決して容易なことではなく、授業づくりにおいても教材づくりにおいても学習者の実態を見極めながら、柔軟に、創造的に工夫するという教師の並並ならぬ努力に支えられている。

今日、個に応じた指導という場合は、多くは学習の結果に対応した習熟度別指導などを指す場合が多い。習熟度に差が生じる学習の結果を生み出した要因は、複雑である。たとえ、同じ結果を生じている集団を形成して指導する場合でもその結果を生みだした要因は一人一人異なっている。このために、習熟度によって等質化されたグループの指導をする場合にも、その結果を生じさせた個の要因や学習の状況に対応する指導を工夫しなければ問題の解決にはならない。国語科の場合は、必ずしも等質の集団による学習がよい結果を生み出すわけではない。

従って、個に応じる指導を考える時の基本は、「一人一人の持っている力を精一杯発揮できる授業」をつくることが第一の課題である。個の多様性を生かし、また個にいかに対応して一人一人の力を最大限に伸ばしていくか、個に応じた指導は、この点に留意して取り組みたいものである。

2 個に応じる指導の目的

小学校における個に応じた指導の目的の第一は、基礎・基本の学力を定着させることにある。個に応じた指導によってこれまでできなかった学習ができるようになり、学ぶ喜びを体験することができなければならない。

個に応じる指導の目的の第二は、自ら学びたいと思った内容ややり方で学習することができることである。この根底には、学習者の興味・関心がある。興味・関心が生きる学習を体験することによって、学び手としての主体の自覚が生まれ、自ら学ぶ意欲と力が育っていくにちがいない。

第三に、個に応じた指導は、一人一人のよさを見出し、育てることを目的としたい。個に応じ、個の良さを生かした指導では、できる・できないの世界だけでなく、学習の取り組みかたや問題の切り取り方などに発想のおもしろさを見出し、それを生かすことができる。学習の結果だけでなく、学習の個性といったものを大切にし、一人一人の良さを伸ばすことを目的とする。

3　個をとらえる視点

個に応じる指導を計画する場合は、個の学習状況をとらえることが必要になってくる。一人一人の学習の成立に影響すると思われる要因を取り出して、そのことについて一人一人の状況を捉えるのである。（その視点については、拙著『国語科個別指導入門』（明治図書）を参照されたい。）

まずは、これまでの学習で、「どんな力がついているか」、また、「何がその学習を成功させ、何がつまずきを生じさせたか」をとらえる。このためには、授業の観察や学習の記録、作品などからとらえるのがよい。学習者の自己評価などもよい参考資料である。また、学習過程における状況の把握は重要である。

次に、これから行う単元の学習が一人一人に成立するかどうかを予想する。「前提となる能力や基礎技能」が習得されているかどうか。また、「単元の学習内容や活動に対する興味・関心」や、これまでの「学習経験」などの把握が必要である。「学習方法の興味」や「学習経験」なども知っておきたい。これらを生かして授業を計画する。

4　個に応じる方法

個に応じる指導の方法は、個別指導の場を作り、個に対応した指導をすることである。ここでいう個に応じた指導ということは、一人一人をばらばらにして指導するという意味ではない。

個に応じた指導には次の視点による工夫が必要である。

ア　学習形態の工夫―適切な少人数化やグループ化を図って指導する。

イ　授業形態の工夫――一斉学習に課題別学習、コース別学習などを組み合わせる。
ウ　指導法の工夫――個の興味・関心に基づいた指導法を工夫する。また、学習の手引きによる個別指導や多様なワークシートの作成による場合がある。
エ　指導体制の工夫―指導体制も実態や個に応じた指導の目的によって、多様に、柔軟に工夫なければならない。

5　個に応じる多様な授業形態

ことばの習得・習熟においては、他者との関わりは欠くことができない。そのために、個別の学習に、集団の学習を組み合わせることを基本としたい。

例えば、一単元の学習の充実を図るために、次のような学習の組み合わせが考えられる。

ア　基本学習に個別の、補充学習・応用学習・発展学習を組み合わせる。

この授業形態は、最も多く見られるものである。基本学習は一斉に行い、評価をして、次の課題別の学習を選択させるのである。この選択に当たっては、教師による評価と自己評価を併せて話し合うことがよいであろう。

それぞれの選択学習の規模は、目的に合わせて設定する。学習者がこの形態になれていない場合は、どの課題学習もあまり長時間にしないようにすることや、個人の負担が重くならないように配慮しなければならない。

イ　基本学習のなかに学習状況に応じた個別学習を組み込んだ学習である。

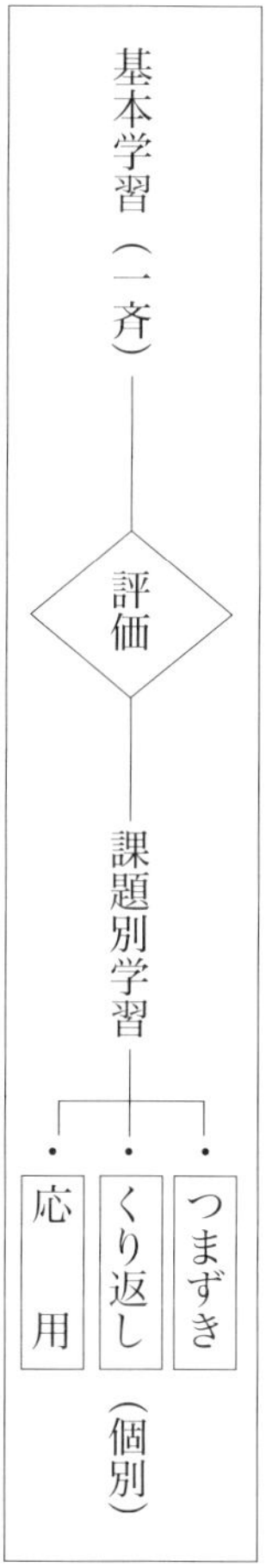

例えば、「調べて書く」などの学習で、文章の構成について学んだが、十分に理解できなかった場合、あるいはこれまでの作文の技能の習熟が十分でないために学習が停滞している場合など、学習の過程に課題別の学習を組み込む。どの場合でも、自分の学習についての評価ができるようにしておくことが望ましい。

ウ　個の課題別学習をして、それを発表し、話し合いなどによって交流し深める。

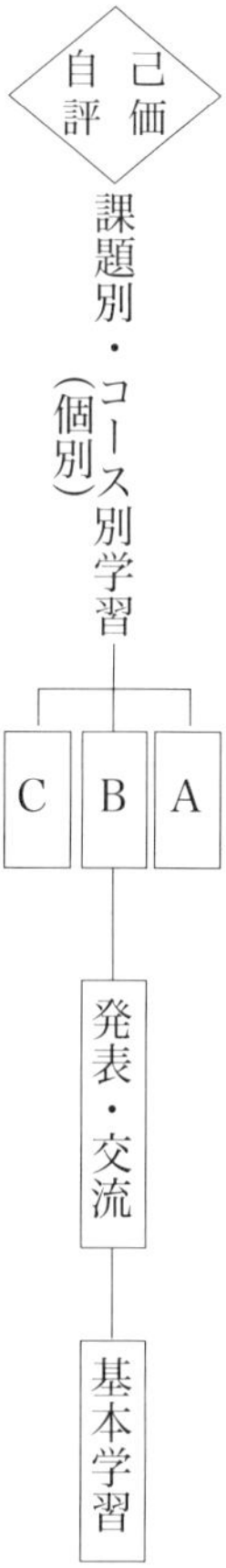

この学習では、それぞれの課題や学習方法で学習する。その結果を持ち寄って討論や話し合い、発表などによって深め合う。一単元全体をこの学習にすることもできるが、一つの単元の中に組み込んで取り入れることもでき

る。例えば一つの作品をさまざまな方法で読んでそれを基に話し合いをする。一斉に一つの方法で読んだ場合とは違って豊かな読み取りが生まれる。

6 個に応じる指導の配慮点

ア 習熟度別学習の場合

習熟度別指導は、学習の結果に応じた個別または少人数化した指導である。実施においては国語科では、作文や読む力などの個人差が拡大し顕在化している場合が特定されて実施されているようである。国語科の場合は個の学習状態をとらえることが難しいために、目標を絞り具体化しておくことが必要である。習熟度別指導と銘打って取り組む場合は、なぜこのような学習結果を生じたのかを考察してそれに対応することが重要である。学習結果を生み出した原因は複雑であるので、明確にそのことが明らかになっている場合はともかく、習熟度別指導はなじまないことが多い。なぜならことばの学習においては、一人一人の多様な多質な思考や表現に出会い、確かめ合うことが重要だからである。

イ 自ら学ぶ意識

自ら学ぶ意識を持って取り組んでいる児童は、学習の仕方について意識している。自ら学ぶ意識がある児童は、自己の学習について課題を明確にしている。個に応じた学習を成功させるためには、自ら学ぶ意識と力を育てる取り組みに配慮しなければならない。また、個別の学習を取り入れた場合、自己の学習への意識は高まると言える。

ウ 多様な学び方を学ぶ

個に応じた学習を進めていく場合、多様な学び方を経験していることが課題などの自己選択を確かにする。一斉授業では、自己選択の機会は多くないので、多様な学び方を学ぶことができるのは個に応じた学習によってである。個に応じた多様な学び方を経験し、自分の得意な学び方を見つけることが自ら学ぶ力を高めるであろう。

エ　学習の記録と自己評価

個に応じた指導では、自己の学習の記録をきちんとする習慣を養うことと、自己評価力を育てることに留意しなければならない。このことによって自己課題をとらえることや自己の学び方を意識することになる。

7　興味・関心と習熟度に応じた指導によって書く力を伸ばした授業の実際

――廿日市市立平良小学校――

廿日市市立平良小学校は、平成十五・十六年度文部科学省「学力向上フロンティアスクール」の指定を受け、二年間にわたって実践研究を進めた。最初は国語科に絞っての研究であったが、二年目には国語科と算数科を取り上げ、「思考力を育てる」をテーマに、個に応じた指導のあり方について研究を進めた。宇佐見妙子校長の適切なリーダーシップのもとに全職員による研究体制が確立した。

この学校は、桜などを使った木造の校舎で壁のない教室が組み合わせられている。最初は、壁で仕切られていない教室に戸惑った教員も次第に教室空間を様々に利用して個に応じた指導などに活用できるようになっていった。

一年目の成果として、学力実態調査では、全国比を上回る結果を得たが、『考えて書く力』や「思考力」を求められる分野での通過率が低く課題となった。そこで、二年目は「思考力の育成」を取り上げ、国語科と算数科で取り組むことになったのである。

国語科では、説明文を読むことと論理的に表現することとを関連させた指導について研究を絞っている。個に応じた指導の授業形態を次のように設定した。

1 単元構成と個に応じる取り組み

本年度は、単元に入る前に児童の実態を把握し、個に応じた手立てを仕組むこととしている。それぞれの単元をどのような指導体制で指導していくか、そのときの手立てはどのようなものにするかを考え、国語科の特性に応じて次のように作成し、指導に生かしている。

【国語科】

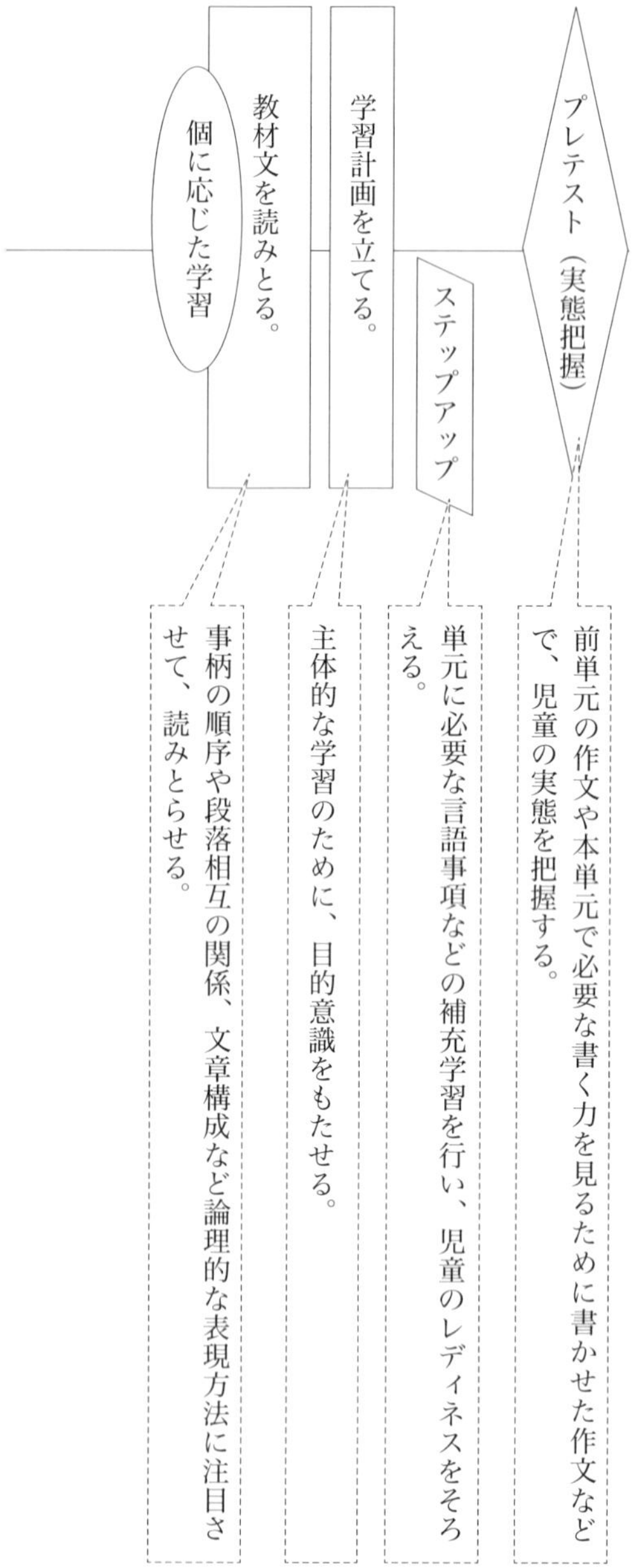
プレテスト（実態把握）
前単元の作文や本単元で必要な書く力を見るために書かせた作文などで、児童の実態を把握する。
ステップアップ
単元に必要な言語事項などの補充学習を行い、児童のレディネスをそろえる。
学習計画を立てる。
主体的な学習のために、目的意識をもたせる。
教材文を読みとる。
個に応じた学習
事柄の順序や段落相互の関係、文章構成など論理的な表現方法に注目させて、読みとらせる。

形成的評価

教材文の読み取りについての形成的評価を行い、読みとりが不十分な児童に対しての手立てを書く活動の中にも取り入れる。

書く活動に取り組む。

論理的な表現方法を生かした書く活動に取り組ませる。

個に応じた学習
習熟の程度に応じた学習・課題別学習・少人数学習等

児童の実態に合わせて手立てを用意し、個に応じた指導を行う。（必要に応じて、T・T指導・少人数指導・習熟の程度に応じた指導とする。フロンティア加配のいない学年は、担任一人で個に応じられるよう、ワークシートや学習の手引き、ヒントカードなどで対応する。また、児童の興味関心に応じて課題を選ばせる課題別学習に取り組む。）

T1

T2

学習のまとめ（実態把握）

プレテストと学習後の児童の作文を比較してクロス集計し、児童の伸びを確認する。

次単元へ

この単元では、目標を達成できなかった児童に対して、新たな手立てを行う。

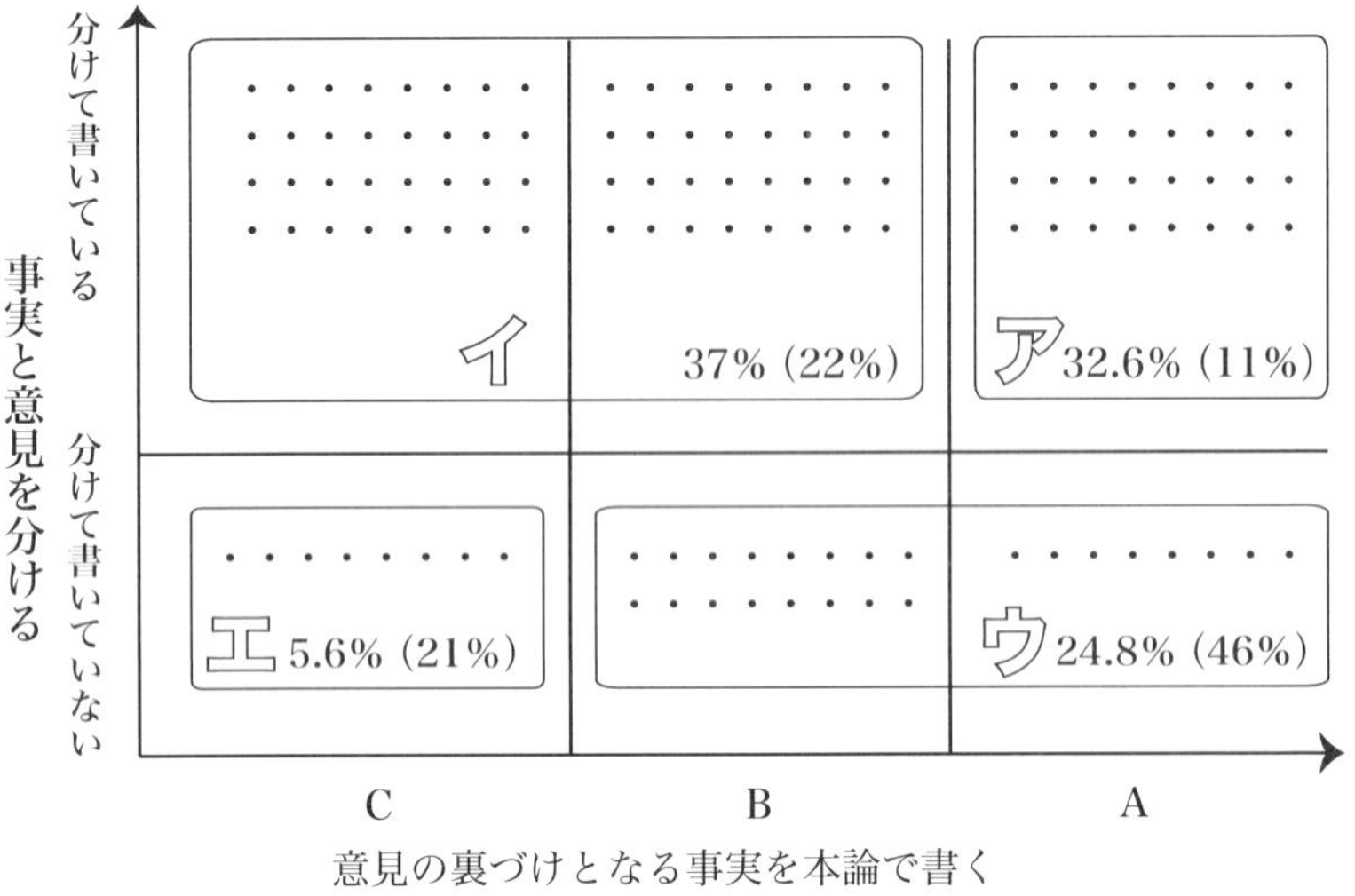

図1　個の習熟度の調査（事前）

このような授業の形態を基本におきながら、個に応じる指導を取り入れた授業を展開している。

単元「いろいろな方法で調べて伝えよう～『森林・環境問題』ブックガイドを作ろう～」第5学年 の場合を取り上げて、その指導について述べる。

この単元は、説明文「森林のおくりもの」を読む学習と「森林・環境問題」のガイドブックづくりとから構成されている。教材文は、四段落構成（話題提示・本論1・2・結論）で、各段落の説明には「対比」「疑問と答え」「比喩」「強調」などが効果的に使われていて説明の仕方を学ぶのには効果的であるととらえている。

この授業の計画に当たって、既習の単元「ニュースを伝え合おう」の学習の結果について反省を加えた。図1は、「事実と意見を分けて書く」を縦軸に取り、「事実の裏付けとなる事実を本論で書く」を横軸に取って事前・事後の学習結果をクロス集計に表して授業の課題を明らかにするとともに個別指導のグループ編成の基準にした。

この結果、指導の基本方針を次のように設定している。

①読み取りの学習については、学級内少人数指導を行う。Ｔ・Ｔを活用する。

②書く活動においては、書くことの習熟に応じて目標・指導の重点を設定する。また、児童の興味・関心に応じて課題別のコース選択をさせる。

興味関心に応じた課題別コース

森林の働きコース

木材の利用コース

環境問題コース

③習熟の程度によるグループ別指導の内容と方法

・最も遅れの見られるエとウのグループは事実と意見に分けて書くことを目標とする。

・イグループは、自分の考えや意見の裏付けとなる事実を本論で書く。

・アグループでは、「ふり返りカード」で、自己評価・相互評価をさせて、学習させる。

④個に応じた指導は、それぞれの課題コースごとに「学習の手引き」、「ワークシート」、「ヒントカード」の内容を工夫して作成し、個に応じる指導とする。「ブックガイド」作成の手順の指導や文章作成について自己学習できるように工夫する。

⑤情報の収集の選び方を中心に基本を定着させる。

⑥書くことの基礎・基本の定着を図るため、「ステップアップ学習」と関連させる。（表1参照）

2　ステップアップ　短作文指導計画（5年）

表1　★始めの5分間はれんそうゲームをし、語彙力を育てます。

月日	テーマ	ねらい
4月22日	句読点と改行①	句読点を適切に打ち、段落の始め、会話の部分などで改行
5月6日	句読点と改行②	
5月18日	主語と述語 修飾と被修飾語①	主語と述語、修飾と被修飾との関係を理解する。
5月27日		
6月3日	主語と述語 修飾と被修飾語②	主語と述語、修飾と被修飾との関係を理解する。
6月17日	主語と述語 修飾と被修飾語③	
6月24日	指示語・接続語の使い方①	文と文との意味のつながりを考えながら、指示語や接続語を適切に使う。
7月1日	指示語・接続語の使い方②	
7月8日	指示語・接続語の使い方③④ 一文を短く	
7月15日	常体と敬体①②	常体と敬体の違いを理解する。
9月2日	夏休みの宝物	話題提示・本論・結論の形式で短作文を書く。
9月16日	組体操の練習	話題提示・本論・結論の形式で短作文を書く。

9月30日・10月7日	キーワードをさがして書こう	キーワードをさがし、文章構成を理解する。
10月21日	平良っ子フェスティバルの案内状を書こう	書く必要のある事柄を整理して書く。
10月28日	給食でのこと	書きたいことの中心をはっきりさせて書く。はじめ・なか・おわりの形式で短作文を書く。
11月4日	4まいの絵からお話をつくろう	主語・述語・修飾語を適切に使う。
11月18日	オペレッタの練習方法を説明しよう	順序を考え、書く必要のある事柄を、整理して書く。
11月25日	4まいの絵からお話をつくろう	主語・述語・修飾語を適切に使う。
12月2日	図形を正確に伝えよう	全体の構成を考え、必要な事柄を整理してい書く。
12月9日	例やわけをあげて書こう	つなぎ言葉を工夫し、具体的な事例をあげて意見文を書く。
12月16日	2学期を振り返って	全体を見通して、書く必要のある事柄を、整理して書く。
1月20日	両方の立場に立って書こう	つなぎ言葉を工夫し、対比的な事例をあげて意見文を書く。
1月27日	おすすめの本を紹介しよう	書く必要のある事柄を整理し、効果的な表現で書く。
2月3日	ディベート原稿を書こう	事柄を集め、全体を見通して情報を整理して書く。
2月17日	意見文を書こう	根拠となる感想・意見などを区別して書く。
2月24日	「紹介しよう！おすすめの番組」	順序を考え、書く必要のある事柄を、整理して書く。
3月3日	地図文	
3月10日	5年生での自分の成長を振り返ろう	全体を見通して、書く必要のある事柄を、整理して書く。
3月17日	うさぎの世話の仕方を説明しよう	

3　単元「いろいろな方法で調べて伝えよう」の授業計画を展開

単元名　いろいろな方法で調べて伝えよう
　　　～「森林・環境問題」ブックガイドを作ろう～　平良小学校　第五学年

日時　平成十六年十二月一日（水）第五校時

指導者　松　田　典　子（五年一組教室）
　　　　宮　　　喜代美（五年二組教室）
　　　　向　井　千代子（五年三組教室）
　　　　笹　尾　孝　治（特別活動ルーム）

単元について

本単元は、説明文「森林のおくりもの」の読み取りと「森林・環境問題」ブックガイド作りの二つの学習内容によって構成されている。説明文「森林のおくりもの」の文章構成は、大きく四つに分かれている。第一段落（話題提示）では、日本人と木の暮らしについて、第二段落（本論一）では、木材の多様な利用の仕方や紙・火との関わりについて、第三段落（本論二）では、森林の働きについて、そして第四段落（結論）では、これまでの具体例をもとに筆者の考えが説得力を持って述べられている。各段落の説明では、対比、疑問と答え、強調、比喩などが効果的に使われ、児童が表現の工夫に着目しやすい文章である。

「森林・環境問題ブックガイド」作りは、森林や環境問題について図書資料から調べるとともに、調べたことをブックガイドに書き表す学習である。調べ活動では、全体を見通して書く必要のある事柄を整理しながら情報を集めることを主なねらいとする。ブックガイド作りでは、事実と意見・感想などを区別したり、必要のある事柄を整理して書いたりすることをねらいとする。

本単元の関連学習事項は次のようになっている。（省略）

〈論理的思考力を育てる取り組みの四点〉（これは本校の研究主題である。）

一つ目は、個に応じた指導を取り入れること。

読み取りの活動については、学級内少人数指導を行い、文章構成の特徴や筆者の考えを一人一人にしっかりと読み取らせていきたい。書く活動においては、児童の興味・関心に応じて課題別によるコース選択をさせ、さらにコース内において習熟の程度に応じた指導を行っていきたい。ウ・エグループは事実と意見に分けて書くことを目標とし指導する。イグループは、自分の考えや意見の裏付けとなる事実を本論で書くことを目標として書くことを指導をする。アグループは、「振り返りカード」で自己評価・相互評価を取り入れ、文章を推敲させる、イ・ウグループは「ヒントカード」「学習の手引き」を手がかりに書き進めさせる。エグループには、取り組みやすい資料をもとに「学習の手引き」「ヒントカード」を手がかりにし個別指導を行っていきたい。

二つ目は、学習の手引き・ワークシートを作成すること。

構成メモ―「話題提示―本論―結論」の形式で、必要なことを落とさずに事実と意見を分けて書くシート

振り返りカード―事実と意見を書き分けているかチェック項目を設定したカード

ヒントカード―事実と意見を書き分ける文末表現の例
学習の手引き―学習のための必要事項を示す
三つ目は、情報収集の仕方の基本を定着させる学習を取り入れること。
多くの情報の中から必要な情報を選ぶことが難しいため、関連図書を集めたワークスペースを準備し、いつでも本を手にとれる環境を設定した。
四つ目は、書くことの基礎・基本の力をつけるため、ステップアップ学習との関連を図ること。
ステップアップの時間では事実と意見を分けて書くことの定着と、「話題提示―本論―結論」という文章構成の定着を図るためのスキル学習を継続して行った。

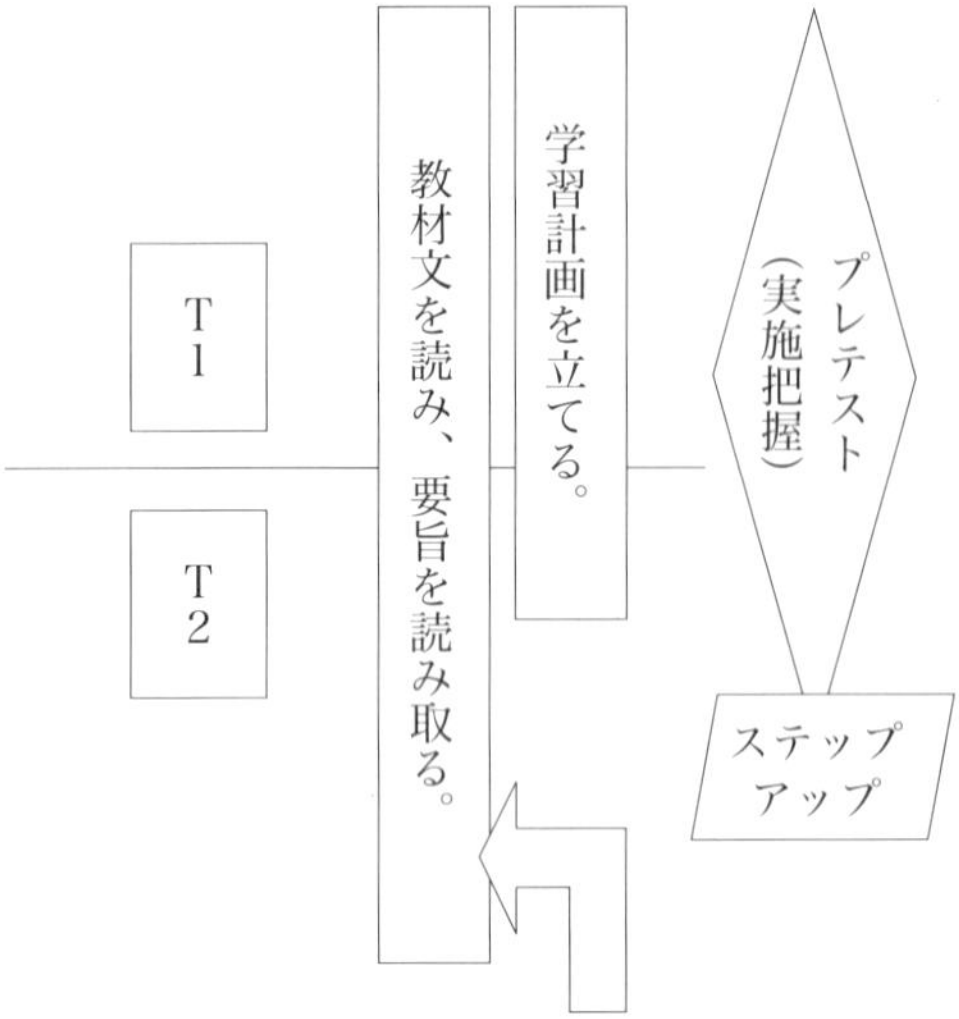

手立て一（思考力を育てる）
・意味段落を三十字以内で要約させる。
「話題提示―本論―結論」という文章構成の定着を図り要旨を読み取らせる。
手立て二（T1、T2での少人数指導）
・二グループに分け、「森林のおくりもの」について、観点に沿ったキーワードを選んでいるか確認して要旨をまとめさせる。
手立て三（興味関心に応じたコース分け）

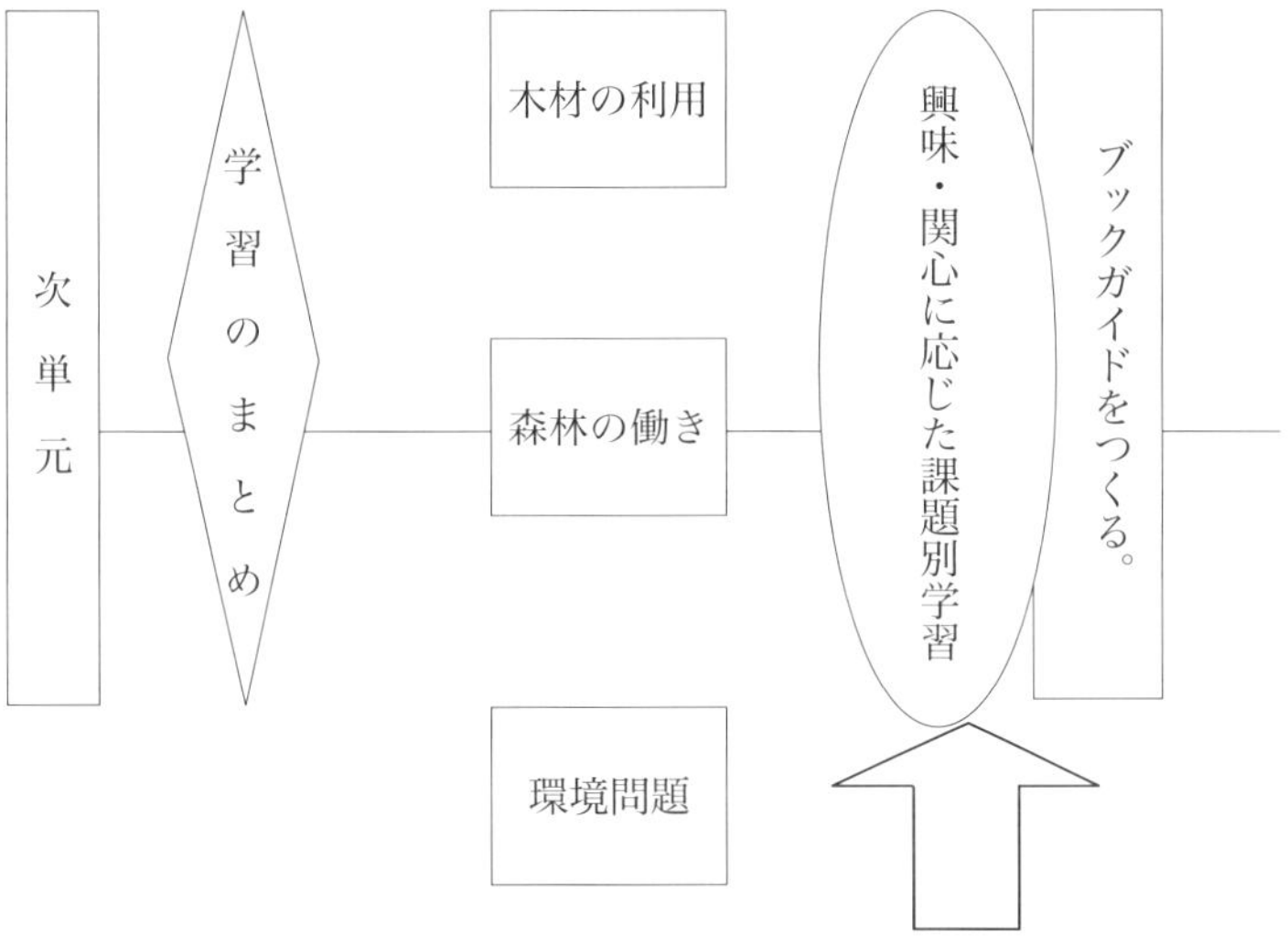

・調べたいテーマを選ばせ、自分の希望するコースに進ませる。

手立て四（個に応じた指導）

・㋐グループ…ブックガイドにまとめやすい資料をあらかじめ選び、それについて書かせる。個々のつまずきに応じた支援をする。

・㋑グループ…ブックガイドの書き方のモデルを示し、見直しもできるような「学習の手引き」と文末表現や修飾語など「事実と意見の書き方」を具体的に示したヒントカードを手がかかりに、書き進めさせる。

・㋒グループ…「学習の手引き」を手がかりに書き進めさせ、必要な児童にはヒントカードを渡し、それを手がかりに書き進めさせる。

・㋓グループ…振り返りカードで、「事実と意見を分けているか」、「意見の裏づけとなる事実を本論で書いているか」という観点で自己評価・相互評価させ、文章を推敲させる。

単元の指導と評価の計画（全十五時間）

次	学習内容	評価					
		関心・意欲・態度	書く	読む	言語事項について	評価規準	評価方法
一 ①	・教材文を通読し、学習の内容や学習の流れをつかむ。 ・初発の感想をノートに書く。	◎	○	○		・教材文を通読し、学習の内容や学習の流れをつかんでいる。（ア—1）	・ワークシート ・学習の様子
二 ⑤	教材文を読んで、書かれている内容を読み取る。 ・日本人の「木のくらし」や木材の性質と使われ方をまとめる。		○	◎		・日本人の「木のくらし」や木材の性質と使われ方をまとめている。（エ—1）	・ワークシート
	・木が木材になっても生きていることや、木材そのものとして以外の用途についてまとめる。②		○	◎		・木が木材になっても生きていることや、紙や火としての木材の働きを読み取っている。（エ—1）	・ワークシート
	・森林の「別のおくりもの」とは何かを読み取る。①		○	◎		・森林の「別のおくりもの」とはどんなものか読み取っている。（エ—1）	・ワークシート
	・筆者の考えをまとめる。①		○	◎		・筆者の考えを読み取り、自分の感想を書いている。（ウ—2）	・ワークシート
三 ③	自分の課題を見つけ、課題についての情報を収集し、整理する。 ・図書を利用して情報を収集し、整理する。③		○	○	◎	・自分の必要な情報を意欲的に集めている。（ア—1）	・情報収集活動の観察 ・ワークシート

④四	集めた資料をもとに「ブックガイド」を作る。						
	・読み取ったことをわかりやすく書くために、内容の構成をする。①		◎			・読み取ったことをわかりやすく書くために、内容の構成をしている。（オ—1）	・ワークシート
	・「ブックガイド」をつくる。③ 本時2／4		◎		○	・集めた資料をもとに「ブックガイド」を書いている。（ウ—1） ・テーマに合った、事実を書いている。（ウ—2）	・ワークシート
②五	お互いの「ブックガイド」を紹介し合い、交流する。					・友だちのブックガイドのよさをたくさん見つけている。	・ブックガイド ・相互評価カード

本時の展開（第四次の二時間目）

（一）本時の目標

自分の課題に対する必要な情報を選んで「ブックガイド」にまとめる。

（二）観点別評価規準

観点	評価規準	十分に満足できる	おおむね満足できる	努力を要する
関心・意欲・態度	調べたいことを明確にして、「ブックガイド」作りに取り組もうとしている。	調べたいことを明確にして、意欲的に「ブックガイド」作りに取り組もうとしている。	調べたいことを明確にして、「ブックガイド」作りに取り組もうとしている。	「ブックガイド」作りに取り組もうとしない。
書く	自分の課題に対する必要な情報を選んで「ブックガイド」にまとめている。	自分の課題に対する必要な情報を複数選んで「ブックガイド」にまとめている。	自分の課題に対する必要な情報を選んで「ブックガイド」にまとめている。	自分の課題に対する必要な情報をまとめることができない。

【学習の場】

5年1組の教室
（木材の利用コース）

5年2組の教室
（木材の利用コース）

ワークスペース
（資料コーナー）

5年3組の教室
（環境問題コース）

特別活動ルーム
（森林の働きコース）

「木材の利用コース」の授業　平良小学校5年生

（三）学習展開

学習活動	指導上の留意点 （◆「努力を要する」状況と判断した児童への手立て）	個に応じた指導の手立て及び評価
1　本時のめあてを確認する。 調べたいことについて必要な情報を選びブックガイドにまとめよう。 2　「ブックガイド」のまとめ方を理解する。 3　「ブックガイド」にまとめる。 4　グループで「ブックガイド」を見直す。 5　本時のふり返りをし、次時の学習について知る。	◇めあてを板書する。 ◇「この本から分かること（話題提示）―調べた内容（本論）―自分の考え（結論）」の観点に分けてまとめることをおさえる。 ◇自力で学習できるワークシート・学習の手引きを準備する。 ◇自分の考えが調べたことの内容とあっているか確かめさせる。 ◆「事実と意見の書き方」「調べた情報に対する自分の意見を書いているか」ヒントカードを渡す。 ◇森林とのかかわりについて、自分の意見の裏づけとなる事実を選んでまとめてあるか、お互いに読み合わせ、手直しさせる。 ◇ふり返りカードに、困ったことや頑張ったことなどを書かせ、自己評価をさせる。	〈評価規準〉自分の課題に対する必要な情報を選んで「話題提示―本論―結論」が一貫した内容になるように「ブックガイド」にまとめている。（B―ウ） 〈評価方法〉ブックガイド ㋐グループの児童 ↓振り返りカードで、「事実と意見を分けているか」、「意見の裏づけとなる事実を本論で書いているか」という観点で自己評価・相互評価をさせ、文章を推敲させる。 ㋑グループの児童 ↓「学習の手引き」を手がかりに書き進めさせ、必要な児童にはヒントカードを渡し、それを手がかりに書き進めさせる。 ㋒グループの児童 ↓ブックガイドの書き方のモデルを示し、見直しもできるような「学習の手引き」と文末表現や修飾語など「事実と意見の書き方」を具体的に示したヒントカードを手がかりに、書き進めさせる。 ㋓グループの児童 ↓ブックガイドにまとめやすい資料をあらかじめひとつ選び、それについて書かせる。個々のつまずきに応じた支援をする。

ブックガイドをつくろう【手引き】

テーマ　環境問題

作成者　環境　太郎

書名　地球環境シリーズ２
地球から森が消えていく
著者名　奈須　紀幸、伊藤　和明

資料場所
平良小学校図書室

話題提示
この本を読むとわかることを書きましょう。

この本を読むと、どうして地球から森林がどんどん減っていくのかがわかる。

本論
この本を読んで、分かった内容をまとめましょう。
話題提示の内容と本論の内容は、同じになっていますか。

今、世界の森林がどんどんこわされている。人間は、森林の木をたくさん切って、まきにしたり、家を建てたり、紙を作ったりしている。日本でも、使う木の三分の二を輸入に頼っている。

また、山の中に、ダムや林道、ゴルフ場をつくるときにも木が切られ、森林がこわされてきた。

森林は、何年もかかって成長してきたものなので、木をしげらせるためには、多くの時間と費用がかかる。しかし、消費量の増加で、木をしげらせる力を失ってきている。

結論
調べた情報について自分の意見を書きましょう。

森林が減っているのは、人間のせいだということがわかった。だから、私たちもできるだけ紙をむだづかいせず、地球上の森林を守っていかなければならない。

いろいろな方法で調べて伝えよう　8

「森林・環境問題」ブックガイドを作ろう

○構成メモを書こう

・テーマ
・作成者
・書名
・資料場所
本　シリーズ名
著者名
（監修者名）

チェック □

テーマ	作成者
書名	資料場所

①この本を読んだらどんなことが調べられますか。

チェック □

話題提示

○この本を読むと
（　　　　　　　　）
がわかる。

②この本でわかったテーマの内容をまとめましょう。
＊短くまとめて
＊言い切りの文

チェック □

本論

○
○
○
○
○

チェック □

4　授業結果について

1　手だて1について―意味段落の中の「話題提示」や読者への投げかけの部分に着目すればよいことに気づき、キーワードを探してまとめることができた。

2　手だて2について―一〇〇字以内の文字数を限定して要旨をまとめさせたが、必要なキーワードを入れてまとめることについては、八五パーセントの児童ができていた。要旨をもとめることができない児童は、不必要な部分を入れたためにキーワードがたりないことが、主な原因であった。

3　手だて3について―課題別学習について九六パーセントの児童が「とてもよかった」「よかった」と答えた。その理由として、次のことがほとんどの児童からあった。

・調べたいことが同じなので、お互いに相談できた。
・回りの人と交換してアドバイスしてもらうことができた。
・自分が調べたいことを集中的に調べられた。

「あまりよくなかった」と答えた四パーセントの児童の理由は、次の二点が多かった。

・人数が多かったので、呼んでもすぐには先生がきてくれない。
・他のクラスの先生になったとき聞きにくい。

この授業の学習の結果は、予想以上によいものであったようである。公開された授業場面でも、集中した意欲的な学習ぶりがどの教室でもみられ、文章もよく書けていた。

この授業の成果として、クラス編成とその指導の細やかさを取り上げたい。習熟の程度に応じた指導を目指しているが、この授業では、児童の調べて伝えたいという興味・関心を基本において、クラス編成をしている。このことが、児童にとって「相談しやすい」「アドバイスをもらった」などのよい効果をもたらした。次に、そのグループ（クラス）の中で、3段階の習熟の程度に応じた指導を工夫している。三つの課題ごとに3段階のワークシートやヒントカードを準備しているのである。学年の教師を中心としたチームによる指導体制によってできた細かな指導である。こうしたことから、国語科の学習における習熟度別の指導は、学習者の興味・関心を生かしたグループ編成が意欲を高め、よい効果を挙げることがわかる。さらに、同じ課題に取り組んでいたことが伝え合いや助け合いの学習を生み出している。児童の課題別学習がよかったという理由にそのことが表れている。

8　平良小学校の実践に学んで

平良小学校の実践は、優れて創意・工夫に溢れている。

一つには、個の学習状況のとらえ方とそれへの対応を工夫したところにある。学習状況のとらえ方に関連している事項を二項目選び、複合的な学習状況の把握に迫ろうとしている。学習のつまずきの要因に迫ろうとした試みであるが、この二項目の組合せ方には課題が残っている。

二つには、書く力の習熟の程度への細やかな対応と、興味・関心を生かしたテーマを選択させて課題別学習を組んだところにある。ここでは、学級を解いて学習の集団を作っている。

三つには、目標を絞って個に対応しようとした指導である。ワークシートの作成や学習の手引きにその工夫が見える。

四つには、評価を的確にしようとしているところである。指導内容の中心を取り出して、その点について実態を把握し、評価をしている。

児童の実態から目を離さずに、授業方法を開発しようとしている平良小学校の真摯な努力に頭がさがる思いである。明らかになった課題を追究するとともに今後も新しい発想を持って取り組んでほしいと願っている。

第四章　評価を生かして基礎・基本の国語力を育てる授業実践

指導と評価は一体のものである。これは、指導をすれば必ず評価をし、その評価結果を指導の改善に生かすという意味である。授業者は、授業を構想し、展開していく過程においても絶えず評価をし、次の指導を行っている。評価を意識的に、計画的に行うことは、授業を確かなものにするために欠くことができない。

1　評価の目的を明確にして授業に生かす

評価は、目的を明確にして、計画的に行いそれを生かすようにしたい。学力調査も一つの評価であるが、学力調査によって、全体の傾向を把握することはできても十分に生かしているとは言えない場合が多い。

評価を目的に従って分類すると次のようになる。

(1) 学力の定着を図るための授業過程における評価

ア　授業を構想する段階の評価―診断的評価

イ　学習の過程の評価―形成的評価

ウ　学習の結果の評価―総括的評価

(2) 自ら学ぶ力を育てるための自己評価

（3）授業の改善を図るための授業評価

（1）の授業過程における評価、（2）の自己評価については、次に取り上げる寺西小学校の事例で示すことにする。（3）の授業評価については、第七章の「授業研究」のところで触れる。教師の評価活動が学習者に与える影響は大きく、肯定的評価を心がける、また評価方法を多様化するなどの配慮が必要である。

2　評価を生かして授業を変える実践研究の実際
――東広島市立寺西小学校――

確かな国語力の定着を目指して、授業づくりに取り組んだ東広島市立寺西小学校（織田寿子校長）の実践に学びたい。寺西小学校は、平成十五・十六年度文部科学省「国語力向上モデル事業」の指定を受けた。ことばの教育については、国語科以外の場面でも多様に取り組み、児童の成長は著しい。

学校の把握では、これまで、子どもたちはまじめに学習に取り組むが、進んで表現したり、自分の考えを述べるなど生き生きと学習している様子は感じられないことに課題を持っていた。平成十四年度の調査では、「国語がすき」は四一・二パーセントにとどまっていた。

そこで、児童の実態を把握して授業を改善するべく、さまざまに取り組みを始めた。十五年度指定を受けることをきっかけにして評価を取り入れた研究に着手した。

その結果、まず平成十六年度の調査では、七七・六パーセントの児童が「国語がすき」と答え、この点に関しては、三六パーセントの向上という大幅な改善が見られた。評価を取り入れて、児童の側に立って授業を改善していった結果であろう。また、国語科の学力の向上も確かめられている。

(1) 授業を変える評価についての構想

寺西小学校の取り組みの中心は、自らの授業を変えるために授業に評価を位置づけたところにある。授業評価研究部を設け、次のように授業に評価を取り入れていくことにした。次に示すのは、評価に関わった主な取り組みである。

ア　授業を変える評価システム

「評価方法を工夫し、児童の学びの状況を的確に把握し、評価を積み上げていくことで、授業を変え、次の指導に生かすことができる。」を仮説し、次のように「評価システム」を設定している。

①「事前評価」(診断的評価)を行い、授業方法を工夫する。

②「事中評価」(形成的評価)を行い、授業を改善する。

③「事後評価」(総括的評価)を行い次の課題を明らかにする。自己評価や相互評価を行い達成感を高めようとする。

イ　指導指標の設定

「じっくり読む」「しっかり書く」をねらいとし伝えあえる力を育てることを目標として、指導指標(指導目標)を作成した。この指標をもとに評価を行い、授業の改善を図る。

ウ　評価を行い、課題を明確にした授業作り

診断テストの結果、事前に補充が必要な児童には、個に応じた指導の場を設定したり、授業の妥当性を検討したりする。単元の構成も、個別指導の位置づけにも評価は重要である。

〈授業過程における評価の位置づけ―授業評価システム―〉

次のように評価を位置づけ、授業の充実に努めている。

事前評価―診断的評価―授業方法の工夫
　｜
事中評価―授業過程評価―授業改善
　｜
事後評価―児童自己評価―総括的評価

右に示す三段階の評価の取り組みを計画し、実践に取り組んだ。具体的な事例を、十五年度・十六年度の研究紀要から実践したことの要点を抜き出してみる。

真剣に文章を書く２年生

（２）診断的評価を生かした授業の事例―単元「教えてあげるたからもの」２年―

ア　診断的評価の内容・方法

それぞれの目的によって診断的評価は実施されている。診断的評価の目的と内容を次の点に絞って調査すれば

よいのではないだろうか。

①　この単元の学習が成立するかどうかをみる既習の学習事項（能力・技能など）の実態

②　題材・主題・学習方法についての興味・関心や知識・体験などの事項

このために、全学年レベルの教材を使ってのテストやアンケートなどが方法として用いられている。

イ　診断的評価によって授業の課題を明確に

二年生の単元「教えてあげるたからもの」は、自分の宝物について紹介する学習である。目標は、「ものや人の特徴を捉える観点を理解して宝物の特徴を順序を考えてわかりやすく書いたり、話したりできること、また、順序を表すことばを使うことができる。」である。

授業の最初に、つぎの二点について診断的評価をしている。

・順序をとらえることができるか

・（紹介する宝物の）特徴をとらえているか

特徴を五つ書いているものをbとし、bとc判定の児童が一六人もいることが分かり、単元に入るまえにワークシートを使って特徴をとらえる練習学習を行うことにした。またc判定の児童は、課題の把握が十分でないことも分かり、課題についての十分な話し合いを取り入れることにしている。

「順序をとらえる」の調査は、八割の児童が全問正解になり、評価としては適切でないことが分かり、「遠足」について書いた作文を使って診断的評価とした。順序よく書けている児童は約二割、「はじめ・なか・おわり」の構成で書いている児童は四割程度であった。本単元では、文章構成をしっかりと教えなければならないことが課題として浮かび上がった。

診断的評価をしたことによって、重点をおいて指導しなければならないことが明らかになり、授業構成が改善された例である。

ウ　評価を座席表に記入して個別指導に

診断的評価や授業過程における形成的評価の結果は、座席表に記入して活用する。座席表には、学習活動における個別指導を必要とする児童名や個別指導の内容、さらには個別指導の順番などが記入される。七六頁に示した図1・2は診断的評価のテスト例である。七七頁図3は、その結果を座席表に書き込んで指導に生かした時のものである。診断的評価に使ったものは、前学年の教材文が多く、これからの学習に必要な力が身に付いているかどうかを調べることを目的としている。

(3) 形成的評価を座席表に記入して授業に生かす―単元「ヤドカリとイソギンチャク」4年―

四年生の「ヤドカリとイソギンチャク」の単元では、評価を指導に生かして授業を充実させることができたと報告している。実践の概要を述べてみる。

診断テストは三年生用の説明文を使って理解度のテストをした。その結果、文章のおおまかな内容は掴んでいても、一つ一つのことばにこだわった読みができていないこと、特に指示語から前後の話題のつながりをとらえることができていないことが明らかになった。そこで、授業ではこのことを大切に指導することにした。また、説明文についての意識調査を行ったところによると、説明文についての興味・関心は低く、結論がすぐに分かってしまい興味が持続しにくいことが分かった。そのため、導入についての工夫に取り組むことにしたとある。

次に、形成的評価を三つの場面で行った。即ち、児童の活動や発言、ワークシート、学習のふりかえりである。

学習過程の評価は、即時的なもので、肯定的な評価に努めたとある。その時点その時点での目標達成状況を把握したことは、次の学習指導に役だった。目当てについての評価は、座席表に記入し指導に生かすことができたと成果を報告している。

最後の総括評価では、相互評価を活用している。児童は、次のように友だちに書いている。

・だいじなところに、なみせんビックリマークが書いてあってどこがだいじかよくわかったよ。
・問題があって答えがうらにあってくふうしたね。よみたくなるよ。
・見出しをもっとくふうしたほうがいい。(太く)
・ちゃんと勉強したことがクイズにできていてよかったです。

授業づくりにおいても、授業の過程でも評価を位置づけ、その結果を授業に反映している。評価指導が一体化している事例である。

(4) 自己評価を育てる

評価行為は教師だけのものではない。学習者の行う自己評価は、自ら学ぶ力の鍵を握るものでもある。自己評価は、自分の学習をふり返る力を育てることから始める。具体的に自分の学習をふり返って話したり、書いたりする習慣を育てる。児童の自己評価力を高めることは、自己の学習の課題を明確にし、主体的に学ぶ力を育てることになる。

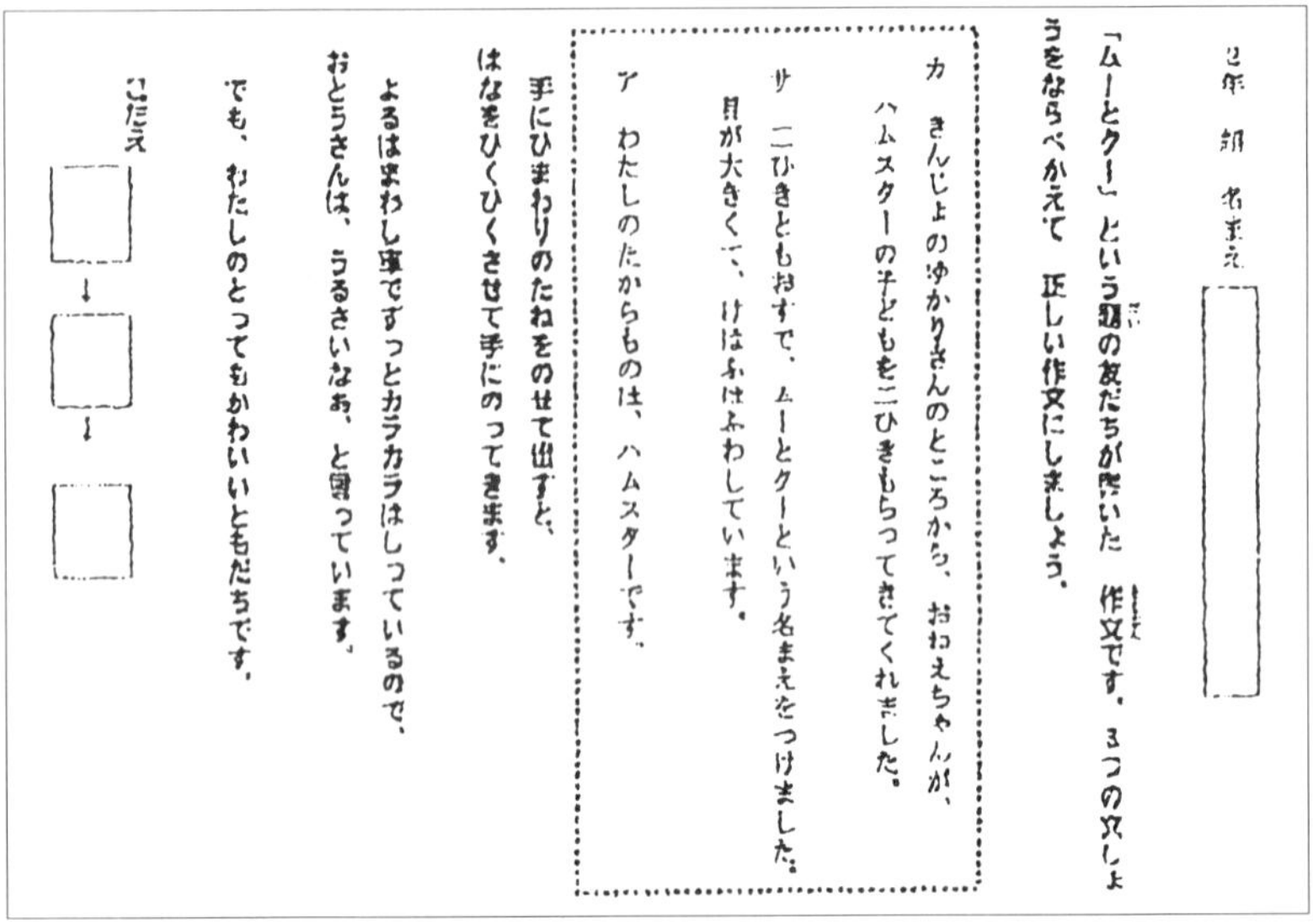
2年　組　名まえ

「ムーとクー」という題《だい》の友だちが書いた　作文です。3つの文しょうをならべかえて　正しい作文にしましょう。

カ　きんじょのゆかりさんのところから、おねえちゃんが、ハムスターの子どもを二ひきもらってきてくれました。

サ　二ひきともおすで、ムーとクーという名まえをつけました。目が大きくて、けはふわふわしています。

ア　わたしのたからものは、ハムスターです。

手にひまわりのたねをのせて出すと、はなをひくひくさせて手にのってきます。

よるはまわし車でずっとカラカラはしっているので、おとうさんは、うるさいなあ、と言っています。

でも、わたしのとってもかわいいともだちです。

こたえ　□→□→□

図１　順序よく書くことについて理解しているかを調べる診断的評価

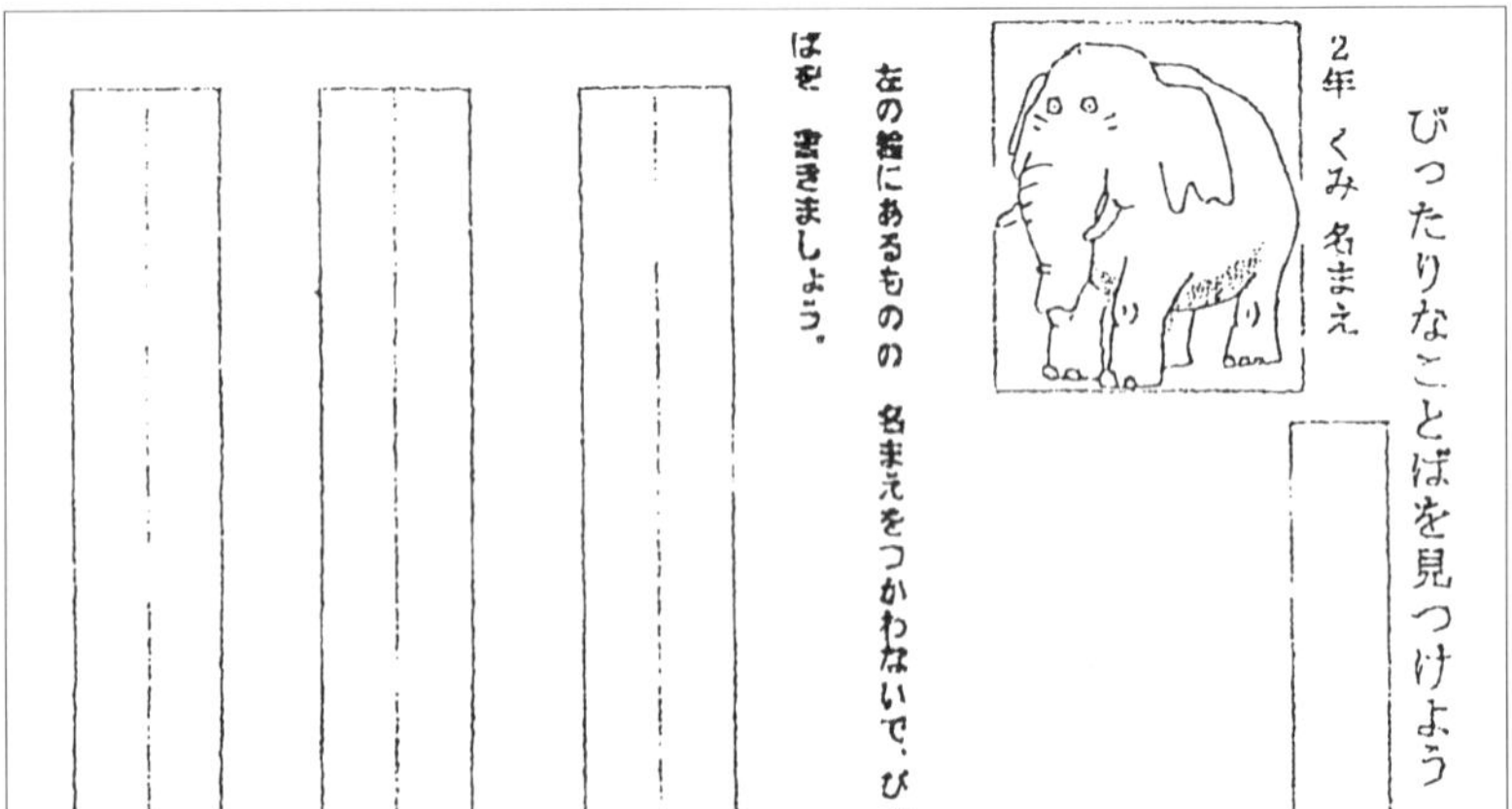
ぴったりなことばを見つけよう

2年　くみ　名まえ

左の絵にあるものの　名まえをつかわないで、ぴったりのことばを　書きましょう。

図２　宝物の特徴を書くことを調べる診断的評価

黒板

C c 招き猫の キーホルダー	B b 小さい 懐中電灯	C c ハムスター	B c 友だちから もらった紫色 の石		B b いろいろな形 の消しゴム	A a 石垣島の砂
B b 家族	B b 誕生日に もらった石	A a おばあちゃん からもらった石	A a 龍王山で拾っ た石		B b 勾玉	B c 怪傑ゾロリ の財布
C c 家族	B a 幼稚園の アルバム	A a シルバニア ファミリー	B b ドラえもんの パソコン		A a 家の鍵	A a ケーキの形の 消しゴム
C c ゴマちゃんの 人形	B c マジックの箱	A a おばあちゃん からもらった マフラー	C c 交通標識の 本		B b おばあちゃん からもらったラ ンドセル	B b 消しゴム
C c おばあちゃん からもらった 指輪	A a おじいちゃん からもらった 将棋版	B c ポケモンの おもちゃ	A a ハムスター			
B b 幼稚園の時から 集めている ポケモンの人形	A b お父さんが 撮ってくれた アルバム	C c 犬のルル	A a 限定の虫キン グカード			

めあてにおける評価の観点
◎宝物の特徴を書くことについて(A・B・C)
B…自分の宝物について概ね特徴を3つ書くことができる。

○だんだん正解に近づく順にヒントを並べることについて(a・b・c)
b…概ね正解に近づくように並べることができる。

図3　診断的評価を受けて評価を記入した座席表

自己評価の例

図4　①低学年の場合

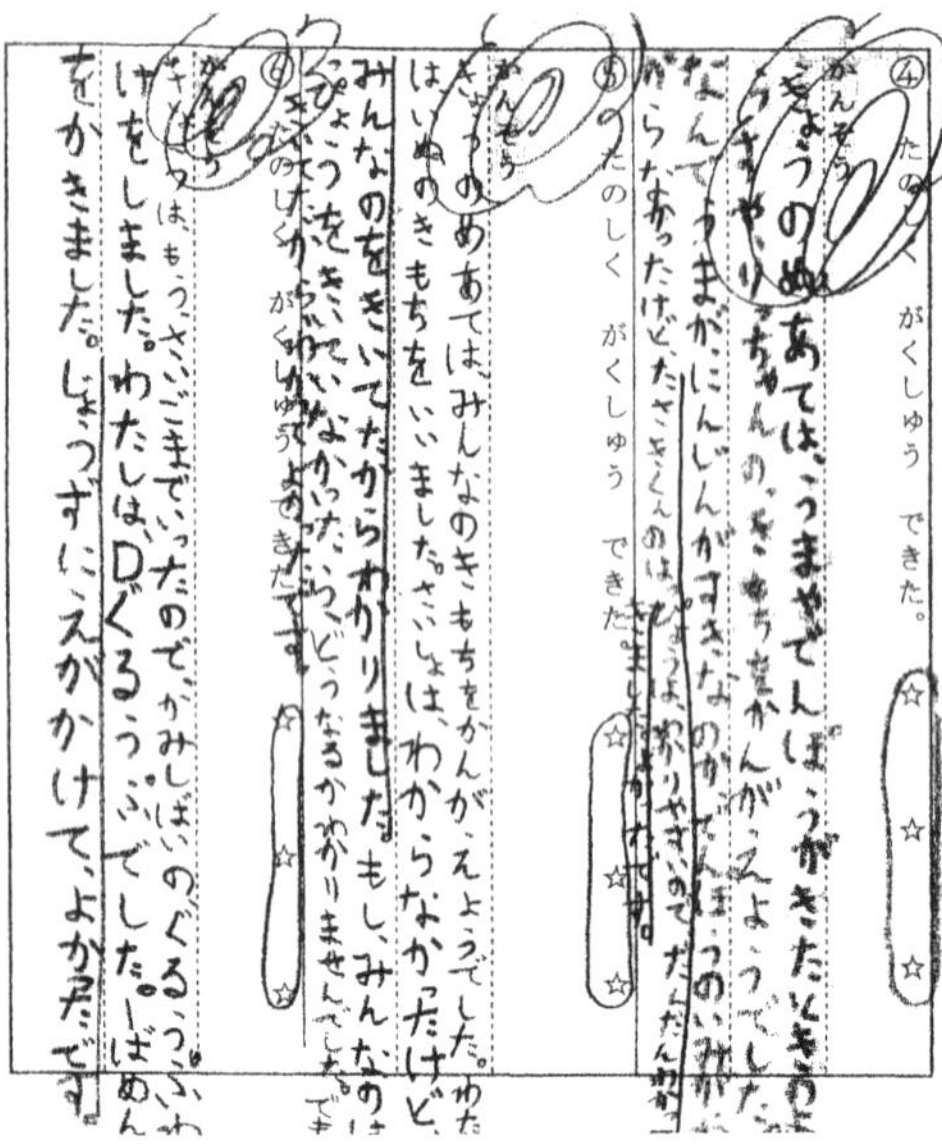

サラダで　げんき　ふりかえりカード

一ねん　一　くみ　なまえ（

④　たのしく　がくしゅう　できた。☆　☆　☆

かんそう　きょうのめあては、うまやでんしぼうがきたときのうさぎちゃんのきもちをかんがえようでした。なんでうまがにんじんがすきなのかがでんぽうのいみがわからなかったけど、たさきくんのはっぴょうよ、わかりやすかったのでだんだんわかっ

⑤　たのしく　がくしゅう　できた。☆　☆　☆

かんそう　きょうのめあては、みんなのきもちをかんがえようでした。わたしはいぬのきもちをいいましたさいしょは、わからなかったけど、みんなのはっぴょうをきいてたからわかりました。もし、みんなのはっぴょうをきいていなかったら、どうなるかわかりませんでした。で

⑥　たのしくがくしゅうできたです　☆　☆　☆

かんそう　きょうは、もう、さいごまでいったので、かみしばいのぐるうぷわけをしました。わたしは、Dぐるうぷでした。一ばめんをかきました。じょうずにえがかけて、よかったです。

図5　②高学年の場合

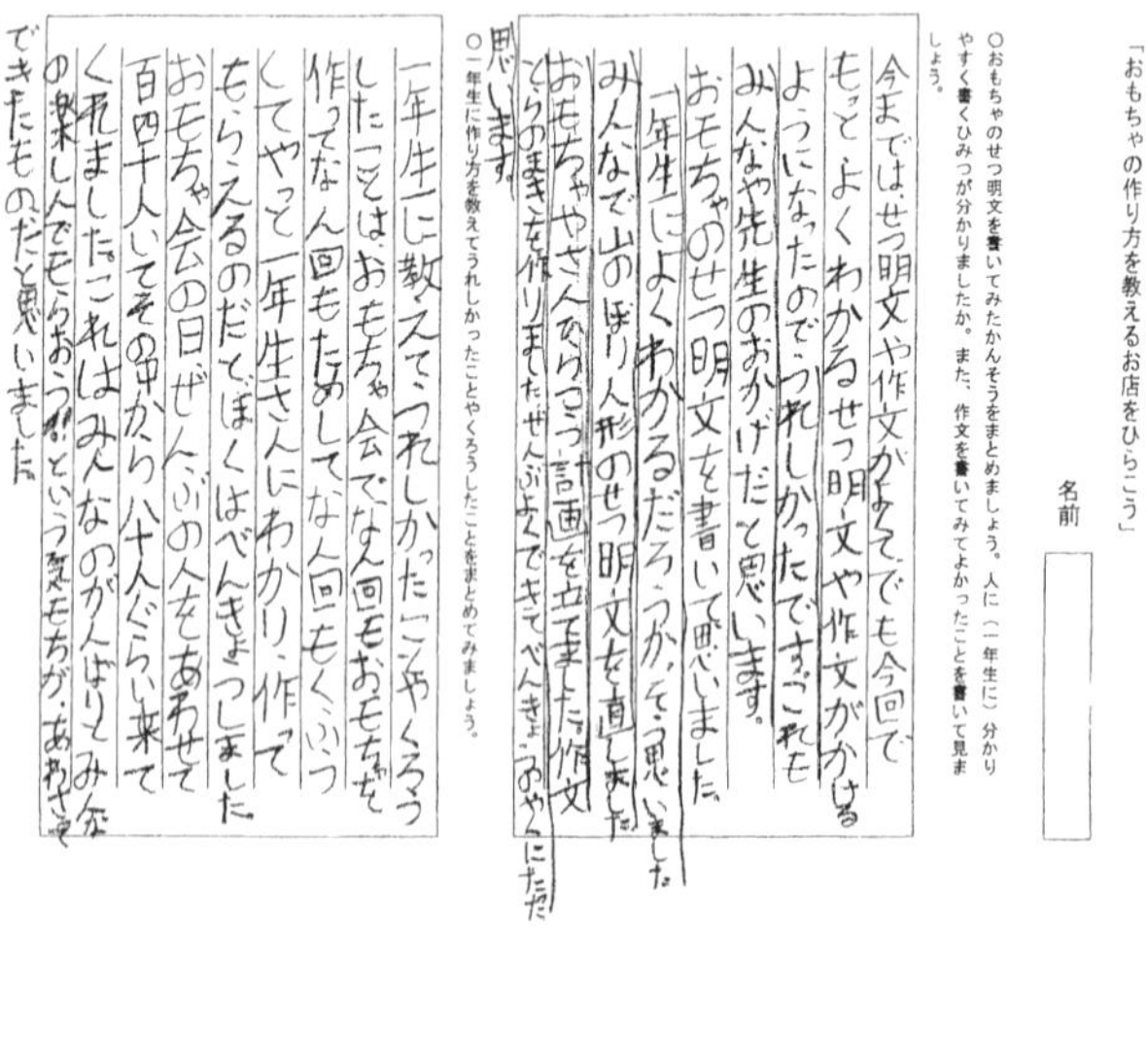

「おもちゃの作り方を教えるお店をひらこう」

名前

○おもちゃのせつ明文を書いてみたかんそうをまとめましょう。人に（一年生に）分かりやすく書くひみつが分かりましたか。また、作文を書いてみてよかったことを書いて見ましょう。

今まではせつ明文や作文がよくてでも今回でもっとよくわかるせつ明文や作文がかけるようになったのでうれしかったです。これもみんなや先生のおかげだと思います。おもちゃのせつ明文を書いて思いました。一年生によくわかるだろうか。そう思いました。みんなで山のぼり人形のせつ明文を直しました。おもちゃやさんならつう計画を立てました作文とらのまきを作りましたぜんぶよくできてべんきょうのやくにただ思います。

○一年生に作り方を教えてうれしかったことやくろうしたことをまとめてみましょう。

一年生に教えてうれしかったことやくろうしたことは、おもちゃ会でなん回もおもちゃを作ってなん回もためしてなん回もくふうしてやって一年生さんにわかり、作ってもらえるのだでぼくはべんきょうしましたおもちゃ会の日ぜんぶの人をあわせて百四十人いてその中から八十人ぐらい来てくれましたこれはみんなのがんばりでみんなの楽しんでもらおうという気もちが、あわさってできたものだと思いました

森林のおくりもの　ふり返りカード

5年　　組

よくできた◎　できた○　もう少し△

日	目　　標	記号	ひとこと感想	先生から
9/15	自分なりの「森林のおくりもの」が想像できた。	○	森林が村いっぱいあった。	なるほど。
9/17	段落分けを一生懸命考えた。	◎	とちゅまよったけどいっしょうけんめいがんばった	まようのはとてもいいことよ。
9/21	富山さんの「森林のおくりもの」とは何か，見つけることができた。	○	富山さんは森林のことがかいていて森林は大切と思った	よく考えていたね。
9/24	「森林のおくりもの」のくわしい内容を見つけることができた。	○	よく分からない所があった。森林はすごいなと思った	Very good
9/28	富山さんの言いたいことを読み取った。	○	富山さんはおもしろいも言いたいことがいっぱいあると思う	ほんとね。そのとおり。
9/28	くわしく調べてみたいこと（テーマ）を決めることができた。	◎	木のしゅるいにしたけど他のさまくはどうやってできたのかな	どっちにすか
9/29	一生けんめい調べることができた。	◎	さがすのがむずかしかったでもいろいろなホームページがわかった	Very good
10/4	テーマの答えを見つけることができた。	◎	しゃべってしまった。でもがんばった	みつかってよかったね。
10/5	メモをとることができた。	◎	時かんがかかったけどできた。ガイドがくばつ	やったね。集中してるよ！
	メモの中から，ガイドに書くことを選んだ。			
10/8	ガイドの序論を書くことができた。	○	序論はみんなにわかりやすいようにかくのはむずかしかったです	くふうしてかくのはむずかしかった　がんばっていた
10/12	ガイドの本論を書くことができた。	○	まとめをかくのはむずかしいけどガイドはよんでもらえるようにしたい	楽しみ
10/13	ガイドの結論を書くことができた。	○	まとめるのはむずかしい。ガイドはかんせいやった～	
10/15	友達のガイドに，アドバイスすることができた。	◎	みんなまとめかたがじょうずだったもっとがんばってもらいたい	

学習全体のふり返り

図6　森林のおくりもの　ふり返りカード

授業のふりかえりが次の学習に生かすためには、前頁の図4・5の自己評価例のように文章で記述することが重要である。自己評価が評定尺度などによってされる場合があるが、具体的な学習の振り返りにはなりにくく、自己課題の発見につながりにくい。寺西小学校では自己評価についての取り組みの成果を次のようにまとめている。

○授業中発言できなかった児童の自己評価カードは、自分の思いを表現する場になった。
○一年生の自己評価は確かなものではないが、意識付けになった。
○学習の成果を児童自身が確かめることができた。
○自己評価カードを使って学習のまとめをすることができた。
○評価の項目は、児童にとって負担とならない程度のものであり、適当であった。
○学習の見通しをもつことができ、次時の学習への意欲につながった。
○自己評価カードを書くことは、毎時間足跡を残す事になり、次の学習に繋がっていった。

このように自己評価の結果を示しているが、課題としては、評価の内容の検討と児童自身の自己評価力を育てることの二点を挙げている。

このような成果と課題は自己評価の取り組みが納得のいくもので多くの成果があったことを物語っている。

(5) 自己評価を生かして課題別学習を―単元「イースター島にはなぜ森林がないか」6年―

第六学年「イースター島にはなぜ森林がないか」では、自己評価をもとに課題別学習に取り組ませている。診断的評価によって、五年生の時に学習した重要語句を中心に要旨をまとめる学習が十分身に付いている児童は約半数しかいないことがわかる。説明文を読む楽しさを味わわせていないこともわかった。書く事にはこれまでに取り組んでいるので、あまり抵抗はない。

そこで、自然環境についての現状を多面的に理解させ、環境問題についての自分の考えを持たせたいと考えた。学習課題に表1の自己評価表を使用した。

主な授業の活動は次の通りである。

①教材文を三つの意味段落ごとに要点を読み取らせる。

②読み取った内容を相手意識・目的意識を持って新聞づくりとして再構成させる。

③最後の段落では、筆者の主張に自分の感想を加え、編集後記として表現させる。

④学習したことを交流する。

表1

学習課題・評価表（七月二日）

教材　意味段落（二）

六年　組

主な目標		具体的な目標	目標ができるようになったか 4	3	2	1	意欲的にできたか 4	3	2	1
文章の組み立てが分かり、要旨をとらえることができる。	①	段落の要点を二十□字以内でまとめることができる。		○			○			
	②	文章の組み立てが分かる。	○					○		
	③	段落の要点をもとに、五十□字以内で要約をまとめることができる。	／	／	／	／				
説明文について、自分の考えをまとめることができる。	④	筆者の主張から、自分なりに感じたことや、考えをまとめることができる。	／	／	／	／				
まとめた要旨や自分の考えを筋道立てて話すことができる。	⑤	自分の考えについて、理由をつけて述べることができる。	○				○			
	⑥	友達の意見と絡めて自分の意見が言える。	○				○			
自分の考えを書くことができる。	⑦	相手と目的をはっきりさせて書くことができる。		○					○	
	⑧	段落をはっきりさせて書くことができる。	／	／	／	／				
説明文の要旨と学習したことを関連させて、自分の考えを書くことができる。	⑨		／	／	／	／				

森林新聞

イースター島には森林はほとんど見られない!?

発行者

第七号 七月十三日

イースター島はチリから約三八〇〇キロメートルはなれた太平洋にうかぶ、絶海の孤島である。現在、この島には森林はほとんど見らんない。しかし、昔は森林があったのだ。

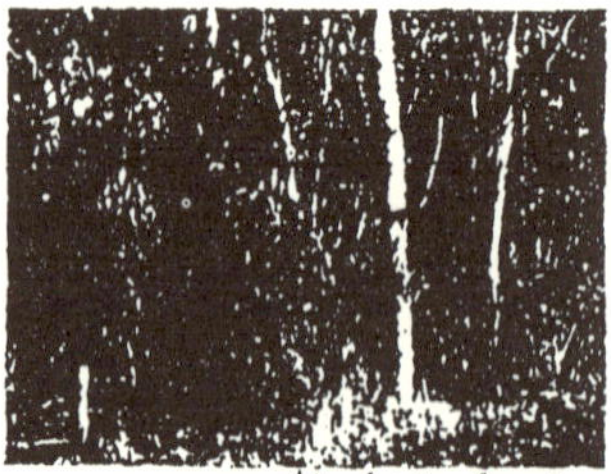

↑上にある写真は、昔のイースター島の森林の様子の写真。

なぜ。イースター島に森林がーないのか!?

イースター島が失われた大きな理由は、この島に上陸して生活を始めた人々が、さまざまな理由で森林をとりひらいたことだ、

☆農地にするために森林が切りひらかれていった。

☆農作物をさいばいするために木を切った。

☆丸木船を作るために森林の太い木を切った。

☆宗教的・文化的な目的で森林がばっさいされた。

このようにさまざまな理由で森林は、ばっさいされて行き森林はなくなった。

こうして見ると人間が森林をほろぼしたとしか考えられないが、もう一つの理由でも森林はほろぼされたのだ。

森林から太い木ヤシの木をばっさいされたとしても絶えずヤシの木が順調に成長していたとしたら森林はほろびなか、ただろう。しかしなぜ、ヤシの木は順調に成長しなかったのか!?ということからすると、人間以外の何物かがヤシの木の成長をさまたげたのではないか!?

その正体は一体?

新聞の中に、筆者の主張は全員の児童が書いていた。それは、新聞に必ず書くことの一つにしたからだと考える、しかし、編集後記に自分の感想を書き加えることができない児童が多くいた。今後、多様な場面で自分の感想を書く取り組みを進め、豊かな表現力を身につけていく。

授業の工夫としては、どの子にも学習の充実感がもてるように、「読み書くコース」と「書くコース」に分けて指導する。学習後に「自己評価カード」（表1）を使って自己課題を明確にしてコース別学習をする。

自分にあったコースを選び自己課題の克服に向けて主体的に説明文を読むことができる事を求め、主体的に学ぶ力を育てることをねらったものである。視点を定めての結果の考察をみても十分な成果があったことが窺える。この授業も、評価を行うことによって授業を変えようとした試みの一つである。

これまで見てきたように、評価をし、実態を直視することが授業改善につながる。寺西小学校の評価に取り組んできた実践研究は、多くの示唆に富む提案をしている。

(6) 第6学年の授業研究のまとめ（『平成16年度研究紀要』から）

① 単元名　文章の構成を考えながら「イースター島にはなぜ森林がないか」

② 単元について

○ この時期の児童は、抽象的なテーマについても考えることができるようになってきており、社会的な問題にも関心を持ち始める。そこで、文章の構成を考えながら教材文を読み取ることで、視野を広げ自分の意見を持ち、それをお互いに交流して考えを深める楽しさを味わわせたいと考え、本単元を設定した。

教材文として使用する「イースター島にはなぜ森林がないか」は、モアイ像で有名なイースター島の森林が失われてしまった原因について解説し、私たちの生き方について課題を投げかけている。難解な語句が多く、すぐには理解しにくい内容もあるが、児童の興味を引き、一気に最後まで読んでみたくなる教材文でもある。文章の構成も明確であり、筆者の主張もとらえやすい。そこで、この単元では、読み取ったことを新聞に再構成する活動を仕組み、主体的に文章の構成や表現の仕方に注意して筆者の主張を読み取らせたい。本来は、「宇宙からツルを追う」の単元が教科書に掲載されている。しかし、今回の学習では、道徳の「地球があぶない」と、理科の「生物とかんきょう」と関連づけ、自然環境に対する現状を多面的に理解させたいと考えた。本教材文は、環境問題に対する自分なりの意見を持たせるためには適切であると考え使用することにした。

○本学級の児童は、5年生で「インスタント食品とわたしたちの生活」という説明文の学習をしている。そこでは、教材文を読み、具体例と筆者の考えに分けて要点をまとめ、それをもとに要旨をまとめる学習をした。そこでは、多くの児童が要点や要旨をまとめることができたが、改めて診断的評価のためのテストをしてみると、重要語句を中心に要旨をまとめる力が十分身についていると考えられる児童は約半数しかいない。また、児童のアンケートを見ると、物語文と説明文では物語文が好きだと答える児童がほとんどであった。このことは、説明文を読む楽しさを味わわせていないことが原因だと考える。

「書くこと」については、学校生活の中で日常的に書く活動を取り入れているので、書くことに抵抗のない児童が増えてきている。しかし、児童の文章を見てみると内容に広がりが見られない。そこで、要旨をもとに新聞を作るという活動を取り入れ、読み取った内容を目的に応じて要約して書く力や新聞の形式を使って書く力を身に付けさせたい。

○指導にあたっては、この学習を児童が相手意識・目的意識を持って主体的に活動できるよう新聞作りをさせたい。そこで教材文を意味段落で大きく3つに分けて要点を読み取らせ、新聞記事に再構成する活動をすることでさらに読みを深めさせたい。また、最後の場面では筆者の主張に自分の感想を加えさせ、編集後記という形で表現させたい。

「今回の学習では、どの児童も充実感が持てるようにするために、「読み書くコース」と「書くコース」の2コースを設定したい。「読み書くコース」では、教師が中心になり、要点をもとに要旨をまとめ、新聞記事にする活動をさせたい。「書くコース」では、学習の手引きを中心に自分で要旨をまとめ、新聞記事にする活動をさせたい。ただし、コース別に学習を進めるが、授業の始めと終わりの場面では一斉学習にし、本時のねらいを確認したり、各コース学習のよさを学級全体に広げたい。また、学習の終わりには自己評価カードを使い、本時の自分の活動がどうであったかを、客観的に見つめふり返らせたい。これらの活動を通して、児童は学習へのねらいを明確にし、次時の学習に意欲的に取り組むことができると考える。

説明文の内容から考えると、教材の扱いについては、筆者の主張を読み取ることにとどまらず、知的好奇心を持って読めるように、資料や具体物を使うなどの配慮をしたい。

③　単元仮説

「自己評価カード」を使い自己課題を明確にしてコース別学習をすることで、読み取った筆者の主張を主体的に再構成し編集後記として書き表すことができる。

（検証の視点と方法）

	検証の視点	検証の方法
視点Ⅰ	「自己評価カード」を使い、自分の課題を明らかにして教材文を読み取ることができたか。	コース別学習の様子 自己評価カード
視点Ⅱ	読み取った要点や要旨を、新聞の形式を意識しながら書き表すことができたか。	ワークシート 新聞

④　単元の目標

ことばを大切にして伝え合える子どもの育成
～じっくり読む・しっかり書く活動を通して～

豊かな心

★互いのよさや違いを認めながら、他に学ぼうとする姿勢を大切にし、高まり合おうとする。
★地球規模で生態系や環境を守ることの大切さを知り、自分にできることを考える。

単元の目標

◇文章の構成や表現の仕方に注意して要旨を読み取り、読み取ったことをもとに表現する。
◇読み取った要旨をもとに、新聞の編集後記に自分の考えを分かりやすく書くことができる。

主体的に学ぶ力

☆課題意識を持ち続け、さらに新しい課題に向けて取り組むことができる。
☆評価カードを使い、自分の活動を自己評価することができる。

⑤　観点別学習状況の評価規準

観　点	評　価　規　準
国語への関心・意欲・態度	・学習方法を主体的に選び、目的を明らかにして学習に取り組もうとしている。
話す・聞く能力	・読み取った内容を再構成して、分かりやすく話している。
書く能力	・読み取った内容を再構成して、文種に合わせ表現の仕方を工夫して書いている。

読む能力	・文章構成をとらえ、表現の工夫を考えながら内容を正確に読み取っている。
言語についての知識・理解・技能	・語句の構成などに注意して仮名遣いを正しく表記している。 ・文や文章にはいろいろな構成があることについて理解している。

⑥　単元指導計画と評価計画（全十時間）

次（時間）	学習活動	評価 観点	評価規準	方法
1（1）	①学習の流れを理解し、課題意識を持つ。	関	学習の流れが分かり、学習計画を立てようとする。	発言内容 ワークシート
2（5）	②教材文「イースター島にはなぜ森林がないか」を通読し、初発の感想を持つ。新出漢字・難語句の学習をする。	言	漢字や語句を正確に使っている。	ワークシート
	③1つ目のまとまりの「問題提示の場面」を読み取り、新聞記事にする。	読書	「問題提示の場面」の要旨を読み取り、再構成して新聞記事にしている。	発言内容 ワークシート
	④2つ目のまとまりの「人」が森林を破壊した理由を読み取り、新聞記事にする。	読書	島に上陸した人々が森林を破壊していった様子を読み取り、新聞記事に再構成している。	発言内容 ワークシート
本時（5／5）	⑤2つ目のまとまりの「ラット」が森林の再生を妨げた理由を読み取り、新聞記事にする。	読書	島に上陸したラットが森林の再生を妨げた様子を読み取り、新聞記事に再構成している。	発言内容 ワークシート
	⑥筆者の主張を読み取り、自分の感想を付け加えて、新聞記事にする。	読書	筆者の主張を読み取り、それをもとに自分の感想を書いている。	発言内容 ワークシート

3（3）	⑦今まで読み取ったことをもとに、新聞を作る。	書	今までに書いた記事に絵や資料を加えるなどして、友達の興味・関心を引く新聞を作っている。	新聞
	⑧⑨作成した新聞の発表会を開く。	話聞	作成した新聞をもとに分かりやすく説明をしている。	発言内容 ワークシート
4（1）	⑩環境に関するいろいろな説明文から筆者の主張を読み取り、感想を書く。	書	自分の選んだ説明文の主張を読み取り、今までの学習と関連づけて感想を書いている。	ノート

⑦ 本時の目標（6／10時間）

自分の選んだコースで筆者の主張を読み取り、それを再構成して自分の感想を加えて新聞記事にすることができる。

☆主体的に学ぶ力……・自分にあったコースを選び、自己課題の克服に向けて主体的に説明文を読むことができる。

・自己評価カードで、本時の学習をふり返り、次時の学習への意欲を高めることができる。

★豊かな心…………・友達の考えのよさを進んで見つけ、お互いに認め合うことができる。

⑧ 本時の展開

過程	学習過程	教師の支援（○）と評価（◎） 個への支援（※）	確かな力とのかかわり 主体的に学ぶ力（☆） 豊かな心（★）
つかむ	1 前時までの学習を想起し、本時の課題をつかむ。 「イースター島にはなぜ森林がないか」の筆者の主張を読み取り、自分の感想を加えて新聞にしよう。	○イースター島の森林が破壊されたわけを想起させる。	

さぐる	2　自分の進みたいコースを選び、学習を進める。 読み書くコース（T1） ○教師とともに内容を読み取り、新聞を書く。 ①形式段落ごとに要点をまとめる。 ②意味段落の要点をまとめる。 ③読み取ったことをもとに新聞記事を書く。 書くコース（T2） ○ワークシートをもとに読み取り、新聞を書く。 ①要旨をまとめる。 ②まとめた要旨をもとに新聞を書く。 ③今まで学習した説明文や資料と比較しながら新聞記事を書く。	○相手意識・目的意識を明確にさせる。 ※進んで書くことができる児童には、学習の手引きをもとに自主的に学習を進めさせる。 ※主張が読み取れない児童には、筆者の思いが書いてある言葉をもとに考えさせる。 ◎説明文の内容と関連して、自分の考えを書いているか。	☆今までの学習から、自己課題を解決できるコースを選び、ねらいを持って学習に取り組むことができる。（D―4）
高め合う	3　お互いに学習したことを交流する。	○各コースで学習した感想を交流させ、お互いのよさを見つけさせる。	★互いのよさや違いを認めながら、高まり合おうとする。（C―3）
	4　今日の学習で学んだことをまとめる。	◎友達の意見を聞き、お互いの良いところを進んで話そうとしているか。	
まとめる	5　自己評価カードで、本時の学習をふり返える。	○自己評価で学習をふり返らせる。	☆自分の学習をふり返り自己評価することができる。（F―10）

⑨　評価

「イースター島にはなぜ森林がないか」の筆者の主張を読み取り、ワークシートに今までの学習と関連づけて感想を書いている。

⑩　授業の実際と分析

ア　単元における評価の実際

本単元のねらいの一つは、文章の構成や表現の仕方に注意して筆者の主張を読み取らせることである。そこで、診断的評価を、形式段落のキーワードをとらえることができるか、文脈を考慮しながら形式段落の要点をとらえることができるか、という視点で実施した。

診断テスト①の結果、ほとんどの児童はキーワードを抜き出すことができた。しかし、五二字以内で要約することが適切にできない児童が五名いた。その児童たちには、文全体の流れを考慮して書くことができていない傾向が見られた。そこで、診断テスト②を実施した。これは、本教材の形式段落1～3段落までをキーワードをもとに二十字以内で要点をまとめるという内容で行った。その結果、的確に要点をまとめることができた児童は、三七人中二七名で

【診断テスト②】
（要点を 20 字でまとめよう）

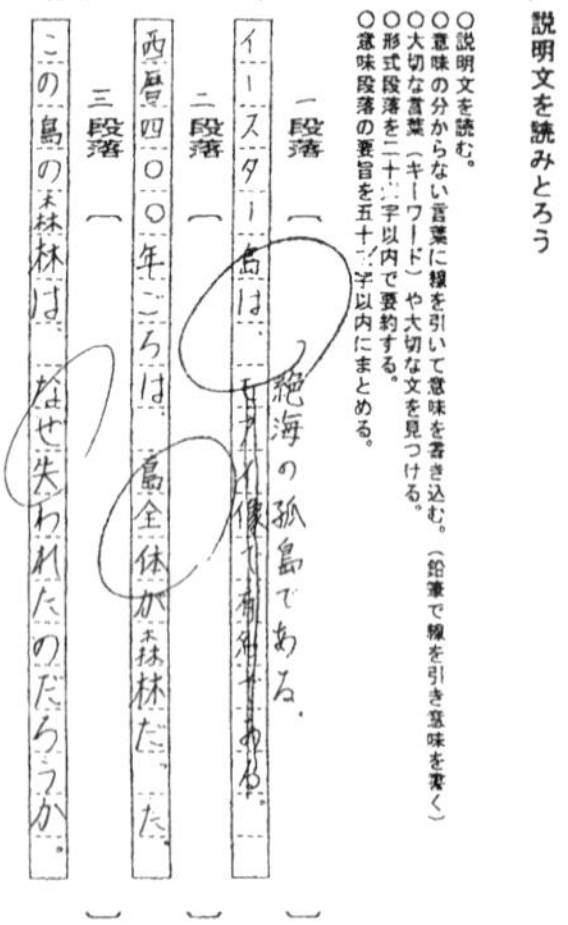

【診断テスト①】
（キーワードを使って要約できるか）

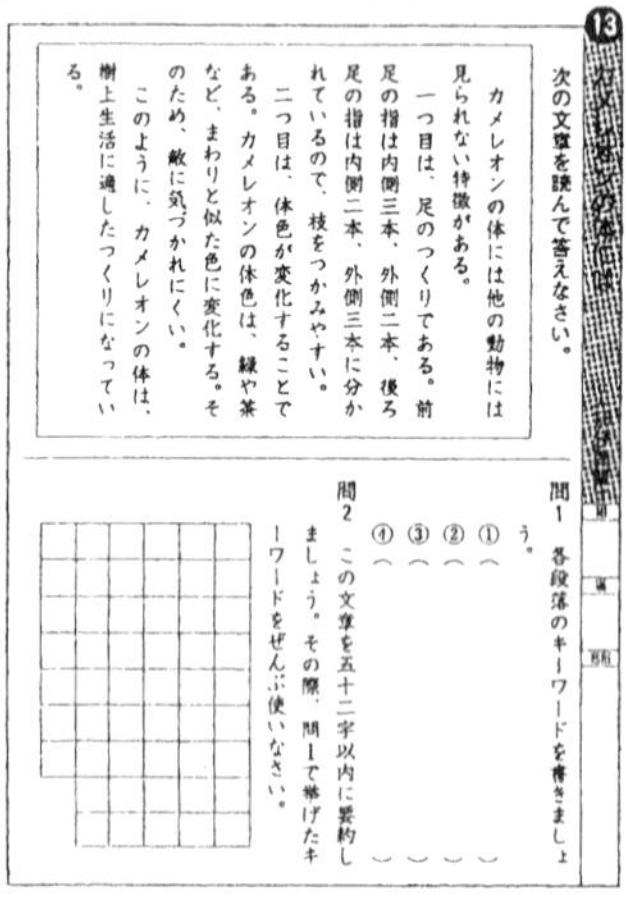

出典　市毛勝雄編　日本言語技術教育学会東京神田支部著
「国語科　到達度・絶対評価ワークシート　第３巻」明治図書

あった。できない児童の理由として、適切なキーワードを選べないことがあげられる。そこで、段落の要点をまとめる学習を中心に取り組みながら、文章の構成や表現の工夫に気付かせようとした。

イ　仮説の検証と結果

本単元の単元仮説は、『児童は、「自己評価カード」を使い自己課題を明確にしてコース別学習をすることで、主体的に読み取った要旨を再構成し新聞記事として書き表すことができる。』と設定した。

そこで、次のような検証の視点で評価をすることにした。

○視点Ⅰ　「自己評価カード」(八一頁表1参照)を使い、自分の課題を明らかにして教材文を読み取ることができたか。

○視点Ⅱ　読み取った要点や要旨を、新聞の形式を意識しながら書き表すことができたか。

☆　**視点Ⅰについて**

『「自己評価カード」を使い、自分の課題を明らかにして教材文を読み取ることができたか。』

児童一人一人が、自分のねらいを持って学習が進められるように、八一頁表1のようなふり返りカードを使い、授業の終わりに今日の学習について内容面と態度面でふり返らせた。このカードは、「4」が「よくできた」で、「1」が、「まだまだである」という設定にして自己評価をさせた。ただし、すべての授業の中で、すべての「具体的な目標」を評価するのではなく、内容や時間を考慮して必要な項目だけを選んで評価させた。

この中で、具体的な目標の「二十字以内で要点をまとめることができる」と「五十字以内で要点や要旨をまとめることができる」の「目標が達成できるようになったか」と「意欲的にできたか」の項目について、児童の自己評価の数値の平均がどのように変化したか次頁の表にまとめた。

【20字以内で要点をまとめることができたかについての平均値】

	意味段落の1	意味段落の2	意味段落の3
目標が達成できたか	2・8	3・0	3・2
意欲的にできたか	2・8	2・9	3・1

【50字以内で要点や要旨をまとめることができるの平均値】

	意味段落の1	意味段落の2	意味段落の3
目標が達成できたか	2・5	3・3	3・4
意欲的にできたか	2・8	3・0	3・2

この結果を見ると、要点や要旨をまとめることは、回数を重ねるごとにできるようになってきている。また、それにともなって意欲的に学習を進めていることも分かる。

要点や要旨を20字や50字でまとめるという具体的な目標を持たせると、児童ができたかできていないか判断しやすい。しかし、時間がかかり文章を読む楽しさを味わうには課題があると考える。詳しく読んだり、速く読んだりという多様な取り組みを行う必要がある。

児童は、それまでの学習から自らの判断で、「読み書くコース」と「書くコース」の2コースに分かれて学習をした。

読み書くコースの学習の様子

書くコースの学習の様子

【コース別学習の人数の変化】

	意味段落の1	意味段落の2	意味段落の3
読み書くコースの人数の変化	30人	26人	28人
書くコースの人数の変化	7人	11人	9人

児童のふり返りカードの結果と、次のコース別学習の人数の変化を比較してみた。要点や要旨を読み取ることができたと考えている人数は増えているのに、「読み書くコース」から「書くコース」に変わった人数は大きく変わっていない。まだまだ自信を持って自分から「書くコース」を選んでいない児童がいることがわかる。今後も、ねらいを明確にして自己評価をおこなう活動を継続させ、自分の力を客観的に見つめる力を育てていきたい。

☆　**視点Ⅱについて**

『読み取った要点や要旨を、新聞の形式を意識しながら書き表すことができたか。』

「意味段落の3」の学習後に筆者の主張をもとに自分の感想が書かれているか。また、児童が書いた新聞の中に、読み取った要旨が表現を意識して適切に書かれているか調べた。

☆この説明文を読んでの感想
自然の利用方法を誤ると厳しい事になる。
これからの人類の存続のためには、祖先は子
孫のことを思うことにかかっている。イース
ター島の祖先の人達は、自分達や、自分の祖
先の事だけを考えて、子孫の事を考えてあげ
られなかったのだろうか。ちゃんと考えてい
れば、あんなことにはならなかったと思う。
これから私達は、祖先の事より、文明を進ま
せて行くことより、自然の大切さを考えてか
らの事を考えたい。今世界では戦争や災害な
どいろいろな国々がやろうとしたり
実際に戦ったりしている
ほしいと思った。

意味段落の３の読み取り後の感想

児童は、「意味段落の３」の授業中、授業後に読み取った筆者の要旨をもとに、前頁のような感想を書いた。しかし、ほとんどの児童は感想を書くことができたが、自分の知っていることを書いたり、自分なりの意見を書いたりした児童は、約２／３ぐらいだととらえた。残りの約１／３は、「いけないと思った。」という終わり方で、その後何を書いたらよいのか悩んでいた。そこで、自分たちの身の回りのことを付け加えるように支援をした。

新聞（八十二頁参照）の中に、筆者の主張は全員の児童が書いていた。それは、新聞に必ず書くことの一つにしたからだと考える。しかし、編集後記に自分の感想を書き加えることができない児童が多くいた。今後、多様な場面で自分の感想を書く取り組みを進め、豊かな表現力を身につけていく。

ウ　研究主題「確かな力を育てる」との関連

【豊かな心】

言葉を大切にすることは友達を大切にすることにつながる。授業の中で、一人一人の思いや考えをみんなで受け止め、気持ちを一つにして学習していくことにより、相手を思いやる豊かな心が育っていくと考える。そこで、ふり返りカードに「自分の考えについて、理由をつけて述べることができる。」（発言しようとしたか）と「友達の意見と絡めて自分の意見が言える。」（発言や友達の文章を校正できたか）についてふり返りをさせた。次の表は、ふり返りカードの「意欲的にできたか」の項目の数値の平均値の変化である。

	意味段落の１	意味段落の２
⑤自分の考えについて、理由をつけてのべることができる。	２・３	２・７
⑥友達の意見と絡めて自分の意見が言える。	２・１	３・３

右の表をみると、⑤の自分の考えを理由をつけて述べようという意欲を持つ児童の数値は大きく変化していない。や

はり自分の意見を発表するということに抵抗感を持つ児童は多いと考える。しかし、友達の意見と絡めて自分の意見を言える（書ける）は、大きく数値が上がっている。これは、「友達の文章のよいところを見つけたら線を引いて○をするだけでもいいよ。」と指示したからだと考える。児童が友達と関わる意欲を高めることは、「豊かな心」を育むために大切である。児童の実態に合わせて、関わりを増やしていきたい。

【主体的に学ぶ力】

主体的に学ぶ力を育てるために、ふり返りカードを使って自己課題を明確にして授業に取り組むことと、「読み書くコース」と「書くコース」の2つのコースを設定して、自分にあった学習方法で取り組めるようにした。自分が何をすればよいか明確にすることで、児童の意欲を高めることにつながった。

今後も、「誰かに、こんなことを伝えたい。」「こんなふうに伝えたい。」「だから、こういうふうにしたい。」という思いを児童がしっかりと持つことができるような場を設定し、自分の課題の実現に向けて意欲的に積み上げていくようにしたい。

第五章　確かな国語力を育てる単元の計画

この章では、確かな国語力を育てるために、単元をどうつくるかについて取り上げる。

1　確かな国語力を育てる授業の視点

確かな国語力を育てるためには、まず、どのような授業づくりを目指せばよいかをイメージしておくことが必要である。指導目標と評価を明確にして授業の計画を立てなければならないのは当然のことであるが、さらには次のア～オからも検討を加えてみたい。

ア　学習者の「学びたい」を引き出し、主体的な学びを育てる工夫
イ　魅力的な言語活動を設定し、生き生きと学ぶ場の工夫
ウ　付けたい力に対する適切な教材の選択や言語活動の工夫
エ　個の学習に対応する指導・支援の工夫
オ　基礎・基本の習得を確かにする繰り返し学習の設定

2　国語科の単元を創る

国語科の授業が確かな力を育てるかどうかは単元の計画によるところが大きい。一時間の授業の質的な充実はこの基本とする単元計画のうえに問われるところである。

単元が生まれるきっかけは様々である。

(1) 単元づくりの基本構想を持つ

ア　単元の目標・内容の視点

この単元で、どのような力をつけるか、そのためにどのような学習内容（教材や言語活動）を取り上げるか、さらにどのように展開するかをまず考えなければならない。

単元の発想は、教科書の教材を形式的に取り上げていくような授業の取り組みではできないであろう。常に、学習者に育てなければならない国語力が念頭にあること、年間指導計画に基づいて指導と評価を行い、常に課題が明確になっていることが必要であろう。単元を生みだす段階では、柔軟に、さまざまに思考をめぐらすことをしたい。

イ　主体的な学びの場の成立の視点

ことばの学びの充実は、学習者の主体的な言語活動によって左右される。このために、学習者の主体的な学びが成立するように学習の展開は工夫されなければならない。

例えば、次のような四つの過程を単元構成の基本におくこともできる。

・「つかむ」—学習の目当てをつかむ過程
・「みつける」—自分で課題に取り組む過程
・「ひろげる」—みんなで話し合ったり、発表したりして深め、広げる過程
・「まとめる」—学習のまとめをする過程

ウ　個の学習の成立・定着の視点

①　基本学習から応用・発展学習へ

単元の構成を二つの過程に分ける。まず本単元で学習すべき内容を学習する基本学習過程と、学習したことを使って学習し、習熟を図る過程とから構成する。例えば、説明文の読む学習を終えて学習した説明文の読み方を使って、他の関連した説明文を読む、または、読んだことを他の表現形式に書き直すなどの学習がこれに当たる。

②　基本学習から、課題別・コース別学習へ

基本の学習を終えたのちに、興味・関心を生かした学習課題を選択して学習したことをもう一度やってみる学習を位置づけて習熟を図る。

例えば、説明文「自然のかくし絵」で説明の仕方を学んだあとに、「自然のかくし絵じてん」をつくる学習を設定する。同じように保護色で身をかくしているほかのいきものについて調べる。さらにそれを学習した説明の仕方を使って説明する文章を書く。課題別のこの学習は、基本学習の説明文を読む力を中心とした学習の繰り返しであり、習熟のためのものである。従って、他の生きものを調べる文章や本の内容や文章の難易度などについて十分に検討し、目標に合致するものとしたい。学習者の興味関心を生かして学習の意欲を高めるわけであるが、

この学習も広い意味では、①の基本学習から応用学習へと同じと考えてよい。

③　基本学習から習熟度別学習へ

基本とする学習を終えたのち、目標に従って評価をする。その結果を基に習熟の程度による小人数化した指導の場を設定する。中心とする目標についての達成状況を評価し、的を絞って指導することが大切である。単元の中で個人差が生じると思われる学習の結果について理解・習得の程度に応じて指導する機会を設けておくのである。T・Tを活用できるとよい。

エ　基礎・基本の定着を図る学習の計画

単元として一通りの学習を終える。例えば、説明文の学習で説明の仕方を学習する。そのあとに、他の読み物を読んで説明文を書くという学習を展開することが多い。「どうぶつのあかちゃん」（1年）を読んだあと、「どうぶつずかん」をつくろうという学習に発展する場合である。しかし、教材文で説明文の読み方はできたが、その力を使って説明文を書くという学習はまだどの子もできる状態ではない。教材文の説明の仕方と同じ文章であればできるかもしれない。文章を読んで、あかちゃんについて情報を集めることができてもそれを説明の文として書くことは難しいのである。

このようなことに配慮して、伊勢丘小学校片岡和美教諭は、同じ表現形式による別の動物のあかちゃんについて調べてみんなで一斉に書く学習を取り入れた。これは、学習したことを使って個別の応用学習に取り組むまでに基礎・基本を徹底する学習でもある。また、これまでの学習の評価活動でもある。

オ　授業研究の視点

学校の教育研究や授業者の授業研究における課題も単元構成に関わってくる。具体的には、育てたいこども像や研究主題に基づく仮説など、また授業者自身の授業についての課題などを盛り込まなければならない。単元の基本構想は、育てたい子ども像や、付けたい力と関わってくる。また、学校の研究主題に基づいた授業仮説とも緊密な関係をもったものであることが求められる。

(2) 単元の構想を確かめる

計画しようとしている単元が適切なものであるかの確かめを次の点からしてみたい。

○ 確かな学力、目標とする学力を育てるものとなっているか。目標とする学力は、年間指導計画等で確認をしなければならない。また、評価の基準を明らかにしなければならない。

さらに、単元の中心になる教材や言語活動の研究をし、目指す目標と合致する内容となるかの検討をする。

○ 学習者の実態から考えて学習は成立するか。既習の能力や技能の面から、また学習者の興味・関心や問題意識の面から、学習経験などの面から検討する。

○ 教材や言語活動に即した具体的な評価の基準を明確にする。

(3) 単元の全体計画を作成する

単元の全体計画は、学習活動が時間の経過とともに示されている。単元の全体計画では、目指す育てようとする力が、いつ、どのような活動を通して育てられようとしているかが示されている。この段階の綿密さが力がつくかどうか、また学習者の学習が意欲的になされるか、つまずいてしまうかの分かれ道となる。

このために、単元の全体計画の段階では、確かな国語力を定着させる視点から次の点について検討が必要であろう。

○目標を達成する学習（言語活動など）が計画されているか。

○学習者の意欲を喚起する工夫や自主的な学習に配慮しているか。

○学習の目当てを把握し、主体的な学習が進むようにしているか。

○学習の過程における個人差に対応する配慮は具体的になっているか。

○習得した学習内容の徹底・繰り返しによる徹底やつまずきへの対応は計画されているか。

○自ら学ぶ力を育てることに配慮しているか。

（4）言語活動を具体化する

授業が確かな学力を育てるものになっているかどうかの検討は、適切な言語活動が計画されているかどうかによる。呉市立片山小学校では、図1に示すように言語活動の具体化を図り実践をしている。

言語活動の具体化　「書くこと」← 領域

①いつ（どの単元・教材で）
②どんな活動を通して
③どんな評価基準のもとで
④どんな方法で評価していくのか

学年		4学年	
学期		1学期	2学期
言語活動例		⑮手紙を書くこと	
単元・教材		◇知らせたい、あんなこと、こんなこと	◇「環境を守るくふう」をしょうかいしよう「ウミガメのはまを守る」
具体的な活動		・アンケートのお願いの手紙を書く	・取材させていただく方への依頼文・礼状を書く
評価	評価基準	○相手や目的を意識して、大事なことが伝わるように書いている。	○相手や目的を意識して、大事なことや気持ちが伝わるように書いている。
	方法	態度の観察、手紙、振り返りカード	態度の観察、依頼状、礼状、振り返りカード
言語活動例		⑯自分の疑問に思った事などについて調べてまとめること	
単元・教材		◇知らせたい、あんなこと、こんなこと	◇「環境を守るくふう」をしょうかいしよう「ウミガメのはまを守る」

図1　言語活動の具体化（呉市立片山小）

3　授業の目的を明確にした学習指導計画案を作成する

単元の構想が出来たならば、学習指導計画案に具体的にまとめる。学習指導計画案を書くことは、授業のねらいや意図をより明確にすることになり授業者にとっては重要な問題である。指導案には、児童の実態や授業の目的や工夫を明確に示すことが必要である。

授業による実践研究を進めている場合の学習指導計画案には、研究主題と授業とのつながりや、取り組みの仮説・検証の道筋が明確になっていることが望ましい。研究主題の取り組みを構造化したり、図化したりすることによって取り組みをいっそう明確にしている事例が見られるようになったのは好ましいことである。

(1) 実践課題の明確化を図った学習指導計画案

福岡県福岡地区の公開研究会（引津小学校H16・10・18）における学習指導案は、伝え合う力を育てるための実践課題が単元の構造図として明確に示されている。よく工夫された指導案は、授業者にとっても、授業参観者にとってもわかりやすい。

次ページに示す学習指導計画案のように、単元名に引き続いて、「指導観」として示されたのは次の項目である。

ア　こんな教材で（活動の内容と教材の価値）

イ　このような学習を通して（出会う段階・つくり深める・伝え広げる）

ウ　より効果的な伝え合いにするために（伝え合いのスキルに基づく「内容」「構成」「話し方・聞き方」）

エ　めざす子どもの姿

A　実践課題の明確化を図った国語科学習指導案―志摩町立引津小学校の場合―

1. 単元名　「2年生におすすめの本を紹介しよう」（引津小学校　第3学年）

指導者　志摩町立引津小学校　柴田　真由美

2. 指導観

子どもの実態

○ 日常的な会話は好きであるが、人前で話す機会が少なく、抵抗感を感じている子どもが多い。
○ 興味を惹く分かりやすい話は聞こうとするが、知らない語句が多かったり、時間が長くなったりすると興味を示さなくなり、聞くことができにくい。
○ 話す内容を選択して練り上げたり、構成を考えて効果的に伝えたりする経験は少ない。
○ 話したり、聞いたりすることが自分たちの学習や生活を向上させるといった意識をもたせきれていない。

より効果的な伝え合いにするために

こんな教材で

〈教材について〉
活動：情報を収集し、お薦めの本を紹介する活動。

しよう

内　容

○ どのような本を読みたいかを2年　生やその担任に調査する。

目的：2年生に本を好きになってもらう
相手：引津小学校2年
条件：2年生に合う本を3分以内で紹介
　場：教室で直に対面して紹介

〈教材の価値〉

　2年生にお薦めの本を紹介する活動は、読書好きという本学級の子どものよさを生かしており、意欲を持続させやすい。また、お薦めの本を選択する場で、多様な情報収集ができ、単元の中で人と多様な関わりをもちながら、伝え合うことができる。経験を生かして、伝える内容を選択・追加することもできる。

このような学習を通して

〈出会う段階〉

○　2年の読書実態や担任の思いを聞く。

〈つくり深める〉

○　2年生から情報を収集し、お薦めする本を選択する。

○　お薦めの本を紹介するために必要な話の構成を考え、付箋メモを作る。

2年生にお薦めの本を紹介

・カテゴリー
・厚さ、文字の量、挿絵の数

○　2年生に合った本かどうかを学校司書や司書教諭に相談する。

○　自分の本の好みと一致するように、お薦めの本を紹介する相手を決定する。

構　成

○　2年生に本を薦める上で落とせない題名、作者名、本の場所、本の粗筋、お薦めの理由等で、話を構成する。

○　粗筋部分は、「主人公の紹介」「出来事」「結末」で構成する。

話し方・聞き方

○　付箋にメモを書かせ、それを順序づけることにより、構成を考えながら話すことができるようにしたり、落とさずに話すことができるようにしたりする。

○　表紙や挿絵を見せる紹介の仕方、期待感をもた

○ 付箋メモを使って、お薦めの本を紹介する練習をする。

〈伝え広げる〉

○ 2年生にお薦めの本を紹介する。

スキル

せる結末の話し方等を、効果的な話し方として活用する。

○ 必要な情報を集めるために取材するときの聞き出し方を、効果的な聞き方として活用する。

めざす子どもの姿（単元の目標）

○ 2年生にお薦めの本を紹介しようと、進んで聞いたり考えたり話したりすることができる。

○ 付箋にメモを書いたり話す順序に並べたりして、構成に沿って話す内容を考えたり、付箋メモを活用してお薦めの本を紹介したりすることができる。

○ 効果的な聞き出し方や、お薦めの本を紹介するときの話の構成の仕方、付箋メモを使った話し方等が分かる。

(2) 研究主題についての取り組みの具体化を図った学習指導計画案

安芸高田市立船佐小学校は、研究主題『「確かに伝え合う力」を持った子供の育成〜読むことを核にしてことばの力を育てる〜』に取り組んだ。指導案には、次に示すようにその取り組みの視点の三つの工夫について明記するようにしている。

ア 読むことの指導の工夫

イ 「読む」ことから「話す・聞く」「書く」の関連を図る単元構成の工夫

ウ ことばの力の定着のための工夫

B　研究主題に対する取り組みの具体化を示した国語科学習指導計画案―安芸高田市立船佐小学校の場合―

国語科学習指導案

単元名　むかし話、大すき

第2学年　男子8名　女子11名　計19名

日時　平成16年11月12日（金）
場所　2年教室
指導者　崎田　朋子

つけたい力と子どもの姿

本学級の児童は、読み聞かせの時間が大すきである。1年生からこれまでにお話ランドの時間や朝の読書の時間を使っていろいろな本を読んできた。お話の続きや次の本をとても楽しみにしている児童が多い。また自由読書においてもお話ランドの時間や朝の読書の時間だけでなく休憩時間や家庭で読書を楽しんでいる児童もふえてきた。読書アンケートにおいても約9割の児童が読書は好きと答えているが、たくさん字があると苦手、読むのがめんどくさいなどの理由からお話の本に抵抗のある児童も数名いる。国語科においては、「たんぽぽのちえ」の学習後に生き物の知恵に関する本、「スイミー」の学習後にレオ＝レオニシリーズの本などを楽しんで読む児童が多かった。しかし読書傾向には差が見られ、シリーズものや長いお話の本を次々と借りる児童もいるが、ゲーム絵本、仕掛け絵本、図鑑ばかり好んで借りる児童もいる。そこで本単元では、昔話や民話のおもしろさをたくさん味わわせ、お話の世界に浸ることの楽しさを経験させることによって、さらに様々な本を意欲的に読むことにつなげていきたい。

単元について

本教材「三まいのおふだ」は大きく挿絵が描かれており、文字を追って読むことを苦手としている児童にも、抵抗少なく読みすすめられる魅力を持っている。かわいい小坊主と大きくてすごい形相をしている山姥の姿に児童は想像力をいっそうたくましくし、お話の世界に容易に飛び込んでいけることであろう。この時期に昔話に触れることは、人間として生きていくための知恵を身につけさせるのにも効果的である。本単元「むかし話、大すき」は「おすすめのむかし話20さつ」を提案し、その本の中からクイズという形で本を紹介する活動を行う。子どもたちはクイズやゲームが大すきである。児童が好んで読んだり、読み聞かせで聞いたりした本の中から出題する「お話クイズ」は児童の関心を引くと思われる。そこで、このようなアニマシオンの手法を用いて多くの本との出会いを楽しませたい。また作品の読みとアニマシオンゲームを関連させることは、国語の力としての読む力をもゲームによってより確かなものにすると考える。

研究主題「確かに伝え合う力」を持った子供の育成
～読むことを核にしてことばの力を育てる～

読むことの指導方法の工夫

読書への意欲を高めるために、クイズ的ゲーム的な手法を用いて友だちとともにお話の世界を探っていく「読書アニマシオン」の手法を取り入れる。ゲームに参加し、楽しみながら話の内容を確認したり、いろいろな昔話を想

「読む」ことから「話す・聞く」「書く」の関連を図る単元構成の工夫

単元「むかし話、大すき」の計画を知らせることにより、主体的な態度で活動に取り組めるようにする。

できるだけ多くの昔話に出会わせ、その世界に浸らせる

ことばの力の定着のための工夫

・語いを広げたり、正しく使ったりできるようになるために読書活動を大切にしている。朝の10分間読書や、隔週で行っているお話ランドで読み語りをしたり、興味を持った本に出会えるようにおすすめの

起したりできるようにする。またクイズという形で本を紹介する活動を通して、伝え合う力を身につけさせたい。
　お話クイズを作るために児童には作品を読み取る必要となる。作品を丸ごととらえるという点で「7つの観点（登場人物・中心人物・いつ・場所・話の中で変わったこと・一文で書くと・心に残っている文、言葉）で読む」方法を用いて読ませていきたい。
　5つのアニマシオンゲームを提案し、まず本教材でその方法を学び、次におすすめの本から問題を出し合うようにしていきたい。ゲームを多様にすることにより、児童の関心も高まると考える。

ために「おすすめのむかし話20さつ」を活用しての「むかし話大すき、クイズ大会」を計画する。「読書のアニマシオン」を取り入れたゲームやクイズを行うことにより、知らせたいことを選び相手によくわかるように話す力や大事なことを落とさないようにしながら興味を持って聞く力を育てることにつなげたい。

本を紹介したりしている。
・教材文を読み込むことで基本文型に慣れ理解する力へとつながると考え、授業の始めの3分読みや家庭での音読を続けている。
・新出漢字の習得に伴ってその字を使った言葉集めをしている。
・隔週で音読集「おがわ」を使って音声表現の基礎を鍛えたり、帰りの会での詩の音読を大切にしたりしている。
・「ことばの広場」を設け、新しく学習したことを掲示し、学習したことを振り返ったり、学習に役立てたりできるようにしている。

単元のねらい

○　いろいろな昔話を楽しく読み、クイズという形で本を紹介する活動を意欲的に行う。（国語に対する関心・意欲・態度）
◎　「読み」の方法の一つとした「アニマシオン」活動によって、ゲームを取り入れた作品の読みを楽しむことができる。

（読むこと　ア）
○　知らせたいことを選び、相手に分かるように話すことができる。（話すこと・聞くこと　ア）
○　姿勢、口形などに注意して、はっきりした発音で話すことができる。（言語事項　ア）

これらの計画の表し方は、それぞれの学校の目的に合わせて工夫されてよい問題である。しかし、A・Bの例示のように記述することで授業の研究目的も、指導の目的も、明確になってくる。

4　単元の展開計画を作成する

単元の展開計画は、できるだけ学習者の学習状況を予想して、具体的に立案したい。この際、留意したいことは次の点である。これは、単元計画の評価の視点でもある。

ア　各学習段階の目標と評価を明確にしている。
イ　学習者の実態に即したものとなっている。
ウ　学習を始めるために必要な知識や技能などを補充している。
エ　学習者の興味・関心や学びたい気持ちを育て、学習意欲を高める工夫をしている。
オ　学習者が学習計画を十分に理解し、学習の見通しがもてるようにしている。
カ　一人一人の学習の状況を捉える活動を位置づけ、指導の修正を図るゆとりのある計画になっている。
キ　学習のつまずきや学習に個人差が生じるところを予想し、その対応を準備している。

ク　学習者の自ら学ぼうとする気持ちを育てることに配慮している。

次のCに示す単元計画では、学習活動・内容が詳しく、具体的に示されている。例えば、「つくり深める」段階の４「紹介する項目と課題を考える」のところでは、①題名、②作者名、③本がある場所、④本の粗筋、⑤お薦めの理由を挙げ、すぐ紹介できる項目と工夫が必要な項目を明記している。

C　単元「２年生におすすめの本を紹介しよう」３年　指導者　志摩町立引津小学校　柴田　真由美

３．単元計画（約十一時間）

	学習活動と内容	教師の支援
出会う　１	１．２年担任の先生の依頼を受け、学習への見通しをもつ。……① ○２年担任からの依頼 ○２年生に本好きになってもらいたい。読書が好きな３年生から、お薦めの本を紹介してもらいたい。 学習課題 ２年生が読んでみたい気持ちになるように、お薦めの本を紹介しよう。 見通し ○２年生が読みたくなるお薦めの本を紹介 ○１人の紹介は３分以内 ○教室と算数教室に招いて直に紹介 ○紹介したい本と読みたい本のカテゴリーが一致する者１対１で紹介する	○２年担任から直接依頼を受けたり、２年生に比べ３年生が本好きであることを示すグラフを提示したりすることにより、紹介することへの意欲を喚起させる。 ○伝える目的・相手・条件・場等を明確にして、見通しをもたせる。 ○具体的な相手を想定して紹介するという見通しをもたせることで、相手意識をもたせる。

2．相手やカテゴリーを決める。……………③
（1）2年生やその担任から情報を収集する。
2年生やその担任からの聞き出し方
○お薦めの本を紹介するために調べています。
○どんな種類の本が読みたいですか。
（2）担当するカテゴリーや紹介する相手を決める。
○ドキドキハラハラする話の担当になろう。
○ぼくの紹介する人は□□君だ。
（3）紹介する2年生の本の好みを聞き取る。
2年生の好み
本の厚さ
文字の量
挿絵の量
○「どちらが好きですか」と聞けばいいな
3．紹介する相手に合った本を選ぶ。……②
2年生や学校司書、司書教諭等への確認の仕方
○□□さん、どんな本が読みたいですか。
○この本は2年生にお薦めできますか。
○このカテゴリーに合う本はどれですか。
4．紹介する項目と課題を考える。……①

○2年生やその担任にどのような本を読みたいかを調査させることにより、目的意識を明確にさせる。
○読みたい本の種類を調査しやすいように、聞き出し方を考えておいたり、本のカテゴリー一覧表を作っておく。
○相手意識を強めたり、実際に相手が読んでくれる本を紹介できるようにしたりするために、相手の好みを知ることが大切であることに気づかせ、好みの調査の仕方を考えさせる。
○選択した本を2年生に薦めることができるかどうかを、児童書に詳しい学校司書や司書教諭等に相談させることにより、紹介への意欲や自信を高める。
○粗筋や話し方に工夫が必要なことに気づかせ、課題としてもたせることにより、

	①題名　②作者名　③本がある場所 ④本の粗筋　⑤お薦めの理由 すぐ紹介できる項目……………………①②③ 工夫が必要な項目…………………④⑤ 5．粗筋やお薦めの理由の話し方を考え、付箋にメモを書き、練習する。……………②（1／2本時） （1）粗筋を話す時の構成を考え、自分の紹介の構成メモを書きながら、粗筋部分の紹介を考え、練習する。 粗筋部分の構成　主人公の紹介 出来事 結末 （2）友達のよさを取り入れながら練習し、自分のお薦めの本の紹介を完成させる。 ○ 結末の言い方 ○ 本を見せながら話す	必要感をもってスキルを活用することができるようにする。 ○ 粗筋の中に書いたらいいことを考えさせることにより、主人公の紹介と出来事、結末から話を構成すればよいことに気づかせる。 ○ 付箋にメモを書いて話すことにより、筋道を立てて話したり、大切なことを落とさずに話したり、順序を入れ替えたりすることができるようにする。
伝え広げる　2	6．2年生にお薦めの本を紹介する。……………① 7．一連の活動を振り返る。……………① ○ 自分や友達の紹介のよさ ○ 紹介した効果・感想等 ○ 効果的な伝え合い方について知ったこと	○ 直に1対1で紹介することによって手応えをつかませる。 ○ 紹介した効果や2年生の感想を提示することにより、満足感や達成感をもたせる。また、効果的な伝え合い方について得た知識をまとめる。

D 単元「伝えたいことをえらんで―作者に手紙を書こう―」 指導者 呉市立片山小学校 下河 厚

4 単元の指導計画（全九時間）（第３学年）

次	時	学習活動	学習形態	支援○と評価◆（方法）
1	1	○今まで読んできた本や好きな本の紹介をする。 （このお話で、聞いてみたいところがあるんだけど。作者に手紙が書きたいな。）	一斉	○読書記録の中から好きな本を紹介することを通して、作者に着目し、感動したことや疑問に思ったことを作者に伝えようという学習意欲をもつようにする。
	2	○話し合いを通して、学習のめあてと見通しをもつ。 （この本を作者はどんな思いで書いたのだろう。） （きちんと伝わるように、分かりやすく書いていこう。） A	一斉	○手紙を書いていく過程で、同じ作者へ書く者同士のグループを作り、相互評価がしっかりできるようにする。 ○単元の計画表を用意し、見通しをもって学習できるようにする。 ◆相手や目的意識をもって、意欲的に学習に取り組もうとしている。（発言、学習の手引き）
	3	○手紙の組み立てを調べる。 （手紙も「はじめ」「中」「終わり」のような組み立てになっているんだね。） B	一斉	○手紙の構成（前文、本文、末文）を理解できるように実際に手紙を用意する。

2	4	○作者への手紙の組み立てメモを作る。 「あいさつ」は「はじめ」と「終わり」に入れよう。 C	個別	○書くことを選んだり、組み立てを考えたりできるように、材料をメモした付箋をワークシートに貼るようにする。 ◆相手や目的を考えて、書く内容を選び、まとまりを意識して、組み立てメモを作っている。（組み立てメモ、ふりかえりカード）
	5	○手紙の下書きをし、見直しをする。	個別 関心別グループ	○組み立てメモをもとに、詳しく書いていき、付箋（書く内容）が変わったら、改行するよう助言し、段落に気づくようにする。
	本時	心をこめて書こう。		○書いた文を微音読して、読みにくい箇所がないか、見直すようにする。
	6	文が長くなってしまった。読みにくいから二つに分けてみよう。 ○○さんの手紙で、質問したい理由も書いていて、いいなと思ってまねしたら、自分のも分かりやすくなりました。 D	個別 関心別グループ	◆（A）目的を考えて伝えたいことの内容を適切に選び、表現方法を考えながら書いている。 （B）相手を考えて、内容を選び、段落に気をつけながら書いている。 （C）相手を考えて書いている。 （手紙、組み立てメモ、発言、ふりかえりカード）
	7	○便せんに清書をする。	個別	○既習の漢字が正しく使え、確認できるように、一人一冊ずつ国語辞典を用意しておく。

	8	○封書の表書きと裏書きをする。	個別	○表書きと裏書きなどモデルをよく見えるところに掲示しておき、封書を正しく書けるようにする。
3	9	○できた手紙を読み合い、単元を振り返る。 伝えたいことを選んで書くって大切だね。分かりやすい手紙が書けたよ。 E	一斉 個別	○手紙を読み合い、お互いのよさを認め合うことで、次の活動への意欲付けとする。 ◆手紙を書く楽しさを味わい、単元を振り返って、進んで感想を話したり書いたりしている。 （発言、ふりかえりカード）

Dの例では、「学習活動」「学習形態」に「支援と評価」が方法も加えて示されている。この単元の展開計画に基づいて一時間の詳細な指導が計画されることになる。

一時間ごとの授業の充実は言うまでもないが、単元全体としてどのような力を育て、定着するかを具体的に示す単元展開計画でありたい。

第六章　確かなことば学びの場を創る

子どもたちの明るい声、友達の発言を聞く真剣なまなざし、ピンと張った空気を感じる教室、こんな教室に入ったとたんに、きっといい授業になると思ってしまう。どうすればこうなるのだろうと誰しも思うであろう。

どんなにすばらしい授業の計画も、子どもたちの生き生きとした主体的なことばの学びが成立しなければ効果を挙げることはできない。どの子も生き生きとして学び、言語活動に取り組むためにはどのようなことが問題になるのであろうか。多くの授業研究の場で考え、思ったことを述べてみる。

1　生き生きとしたことばによる伝え合いの場に

ア　ことばによる伝え合いがことばの学びを導く

学びは、学習者自らの学習内容・教材への働きかけから始まる。教材への働きかけは、教師を含めたお互いの関わり合い、伝え合いから始まる。

「こんなことがあるよ。ふしぎだね。」「これを読むと、もっとよくわかるかもしれない。」「おもしろかったね。もっと調べたいね。」といったそれぞれの思いを交流することが学習へ誘う。

学習課題を黒板に書いて、みんなで声を揃えて読む。「もう一度大きな声で」と促す風景をよく見るが、このようなことで学習目標が明確になって主体的な学習が始まるとは思えない。

前時までの学習について話し合う、その時間でのできごと、おもしろかったことなど、思い出して伝えあってみよう。伝え合うことが、お互いの、共に学ぶ仲間としての意識や喜びを育ててくれる。伝え合いはお互いの関わり合いを生み出すだけでなく、学びの成立を生み出すのである。

イ　正解中心のやせた国語学習からの脱却

文章を読む授業でよく見られることであるが、教師は一つの読み取り方をもって授業に臨んでいることが多い。無意識に教師の中に染みついている正解を求める意識は、多くの子どもたちのことばを封じ込めてしまうようである。さらに、追い打ちをかけるように、「そうです。」「いいです。」の大合唱が続く。これでは、違った読み取りや意見があってもそれを言い出す勇気はない。なぜそう考えるのか、どうしてそう思ったのか、どのことばから思ったのかなどを考えることはない。読む力は、一人一人が一つ一つのことばに関わって考え、一つの読み取りを見いだしていく過程に育ってくる。どう読んだかの結果の問題ではないのである。ここでも、自分の読み取りを伝えあって、話し合って深めていくことが大切なのである。

2　意欲を高める言語活動を組織する

生きたことばの力を獲得するためには、何よりも主体的な言語活動が必要であることは言うまでもない。言語活動は、知識として身につけたことばを実際の場で使う力を育てるためのものである。言語活動を中心とした授業は行われているが、果たしてそれが本当にことばの力を育てるものになっているかどうかを見直してみなければならない。大切なことは二つ、言語活動が育てる力を明らかにして指導に臨むこと、今一つは、言語活動の質の問題、一人一人の言語活動が目的を明確にした主体的で意欲的なものになっているかどうかの吟味である。そのために、次の視点から検討してみたい。

ア　指導目標と評価を明確にした言語活動研究

学習指導要領で示された言語活動例は、全学年を通して二七例ある。これらをそのとおりにすべて取り上げなければならない問題ではないが、六年間の見通しをもって、計画的に位置づけておくことは大切なことである。指導に当たって、言語活動のイメージを具体的に明らかにしておくことは、言語活動を確かなものにするだけでなく学習者にとっても目標が明確になることである。

指導者として、常に念頭において取り組むことは次の点である。

○　言語活動は、指導目標を達成するために効果的なものであるか。

○　言語活動を進める学習過程に無理はないか。

○　学習の停滞とつまずきが生じるところはどこか。そのための支援は用意しているか。

イ　一つの言語活動の構造と学習を見通した細やかな計画

この活動でどのような力を育てるのか、指導者は常にこのことを明確にしておかなければならない。言語活動は複合的であるので、ともすれば活動していることに満足してしまうことがある。子どもたちは、活動の目的や必要感を自覚すると生き生きと活動する。また楽しい活動であれば、意欲的に活動するであろうが、指導者はこれらの活動を通してどのような力を育てるのかをしっかりと持っていなければ確かな力を育てることにならない。

例えば、「お祭り事典を作るために調べにいった地域の人にお礼のお手紙を書く」という活動をする。手紙を書くという活動によって、手紙の書き方を学び、手紙を書くことはできるであろう。しかし、それだけではなく、手紙を書くという活動を通して、表現の能力や技術を学ぶことができる。お礼の手紙だけでなく、手紙はどう書けばよいか、書く目的によって大事なことを選んで書くためにどうするか、また相手に気持ちが伝わるように書くためにはどうすればよいか、また書き終わったら読み返すなどについて指導し、力を付けることができる。この言語活動で指導できるのはどんなことか、ここでの指導の重点はどこにおくかなど言語活動について研究しておくことが必要である。即ち、この言語活動で育てることが可能である力と育てたい力を明確にしておくことが肝要なのである。指導したい事項については評価を的確にできるよう具体的な行動としてとらえておきたい。

このためには、言語活動を構造的にとらえるようにしたい。一つの言語活動はいくつもの小さな活動に支えられて成立する。当然それぞれの段階での能力や技能が十分でなければ活動はつまずいてしまう。言語活動の構造を見極め、学習の見通しについて十分に検討しておくことが必要である。このために、言語活動についての研究をするとともに、学習者の実態について把握しておくことが必要である。

山藤浩基教諭（尾道市立久保小学校）は、単元「作家と作品をかかわらせて　宮沢賢治」（六年）において、「一人語りをしよう」の活動を試みた（二〇〇五・一・二六）。公開された授業における子どもたちの語りは、宮沢賢治作品をよく読み込んで自分の思いを表現にのせたすばらしい語りとなっていた。このような語りができるようになるまでにいくつもの学習活動が組み合わせられている。ここでは、伝記を読む、作品を読む、語りに取り組むの大きくは三段階がある。これらの学習過程について一人一人の学習活動を推測し、指導の手だてを考える。さまざまな個人の違いにも対応して指導の計画を細かく立案しなければならない。こうした細やかな指導が指導計画の中に示されるようにしたい。

ウ　言語活動の質を高める学習者の視点からの検討

言語活動の質は国語の学力の質を左右するものである。そのために、言語活動がどのように行われているかを冷静に、的確に見てとらなければならない。楽しそうに学習している様子だけではなく確かに力がついていることを見極めなければならないのである。ここでは意欲的な、主体的な子どもの言語活動を導くことが課題になってくる。そのためには、学習者の視点に立って言語活動を検討することを忘れてはならない。

まず検討すべき第一は、言語活動が、学習者にとってやり甲斐のあるものであるか、魅力的なものであるかどうかの点である。別の言い方をすれば、「ぜひやってみたい」「おもしろそうだ」の二つの視点からの検討である。これは、一つは、学習の価値の発見をすることであり、今一つは学習に興味が湧くかどうかの視点からである。いずれにしても、学習者自身がこの学習活動に自分なりの意味を見いだすことが重要なのである。

例えば、三年上「自分のことをしってもらおう」の単元の言語活動として、「私だけの秘密をつたえよう」を計画する。確かに、私だけの秘密は、伝えたいことになるであろうが、それだけでは、ぜひとも伝えたい、聞いてほしいことにはならない。伝える内容が本当に伝えたいことになるためには、なぜこれが伝えたいことなのか、なぜ他のものとは違う大切なものになっているのかなど自己の内面を掘り下げる学習過程が必要なのである。文章に書いたり、調べたりなどをさせて、自分だけが見つけたことであったり、他の人にはない体験であること見いだしたりする学習をしなければならない。題材の価値を発見し、自覚することによって本当に伝えたい気持ちは高まってくる。友だちとの小さな対話や教師との対話がここでは重要なはたらきをする。

このように、学習者が伝えたい内容を用意できて実の場に立っているかどうかを一人一人の学習者について検討し、指導や支援を具体的に計画しなければならないのである。

エ　学習過程の指導・支援の準備

活動を中心にした授業の場合、児童の実態の把握と指導に細やかさが見られず、学習活動に対しての指導は十分なされていないことがある。この原因は、指導すべき内容が明確に把握されていないことや活動の過程で適切な指導の機会をとらえきれないことにあるようである。このために、児童の学習活動の過程をつぶさに予測し、事前の指導や学習過程での支援を準備しておくことが重要である。

例えば、一つの教材を学習したあと、「自分の選んだ本について、グループで読書感想を話し合う」といった授業をよく見ることがある。このような学習の場合、指導者はどのような指導や学習過程における支援の準備をしておけばよいのだろうか。まず、第一の段階は、どんな本を選んで、どのように読んでいるかの指導と支援をどうするかである。読書の感想を豊かに持つための指導と一人一人に対する支援が必要である。第二段階では、感想を発表するための準備の学習が必要である。第三段階では、話し合うための指導と支援を実態に合わせて行うのである。どのように話し合うのかモデルとなる学習をしてみせることも効果がある。司会を児童にさせる場合は、司会者の手引きや、話し合いの進め方の指導なども工夫されなければならない。学習者の実態に合わせて、また学習の状況によって適切に、即時的に細やかに指導しなければ活動をしたことだけで終わってしまうのである。

3　教えることを大切に―指導者の意識と言語技術の指導―

教えることを遠慮しているのではないかと思うことがある。教えるとは説明することだけではない。読む力を育てるためには、自分で読むことをしなければならないが、どのように読んでいけばよいのかを指導しなければ読む力はつかないであろう。自分で読んで理解できるようにすることが読む力を育てることである。「読みなさい」という指示と活動をさせるだけでは十分な力はつかないのである。どのように読めば内容を理解できるかという読み方の指導とそれを意識化させる工夫が求められるのである。

ア　指導者の国語科指導意識の変革

小森茂氏は、「五つの言語意識」を学習指導案に位置づけることを提案している。その言語意識とは、①さまざまな相手意識、②目的意識、③場面や状況、条件意識、④（①、②、③を受けた）表現や理解の方法意識、⑤評価意識の五つである。これは、「子どもたちの側に立って、基礎・基本を把握するとともに、さまざまな相手や目的、場面や状況、条件に応じて適正確実に生きて働く言語能力を育成すること」がこれからの国語科授業のあり方ととらえたうえでのことである。この五つの言語意識は、学習者側に育てたい内容であるが、指導者にとっても明確にしておきたいことである。育てるべき国語力の基礎・基本を、具体的な状況において生きて働く言語としてとらえること、そしてそこで学習したことが生きて働く力となるような意識をもって指導に取り組まなければならないのである。そのためには、④の「表現や理解の方法意識」は特に重要な点であろう。

イ　何を教えるか・どう教えるか―言語技術の視点―

国語科の授業があいまいなものに終わって力がつかない原因の一つとして、教えるべきことが明確になっていないことが挙げられよう。何を教えるかは学習者の実態をとらえるとともに、学習者に視点をおいた教材研究によって明らかにしなければならない。指導に当たっては、教材を使って理解させること、考えさせること、できるようにすること、意識化を図ることなどを具体的に明らかにすることである。

国語学力は、言語技術であると主張する立場がある。すべてをそのように言い切ることは、私にはできないが少なくとも言語技術の視点で授業を見直すことは、指導すべき内容が明確に具体化される点で重視しなければならないであろう。言語技術の指導においては、今後それぞれの領域で具体的に検討されなければならない課題があるように思う。

言語技術の指導では、ある言語技術を取り出して、特設した時間で、習得・習熟を図っていく場合がある。目標を絞った繰り返しの学習は、そのことの定着には効果がある。しかし、これだけではなく言語技術を使ったまとまりのある学習と関連させることが必要である。言語技術が生きて働く場面を作って、実際に活動するのである。

また、総合的な言語活動の中で言語技術を意識させていくことも必要であろう。いずれにしても、言語技術の指導は、具体的に示し学習させること、繰り返して学習し意識して活動すること、身に付いて無意識にそれが使えるまでにすることなどの段階がある。

基礎・基本の国語力の徹底のためには、目標とする言語能力や技能についてどうすれば身について、使えるようになるかを明らかにすることである。そのためには、一つの言語行為ができるようになるための手だてを明らかにして、それを具体的に示すこと、それを使ってさせてみること、そのやり方を意識し、自分のものとすることなどを的確に行うことである。

ウ　教えることを生み出す教材研究・言語活動研究を

教える内容を具体的に取り出すためには、教材の研究・言語活動の研究を徹底しなければならない。

読むことの指導においては、教材文の研究はどのようになされているか、見直してみることが必要である。まず一読者として読みその内容に、表現におもしろさを見いだすことは必要なことである。次に教材として読む。この教材文を使ってどのような内容を、どのように指導することができるのかを見極める。この過程の指導者自身の研究方法を確かに持つことが大切になる。

青木幹勇氏は、教材研究は、教材研究ノートに、まず教材文を書き写し、そこに書き込みをしていくと述べている。教材文を書き写すことは、内容や文章構成を理解するだけではなく、その過程で筆者の文章表現の特徴を、文章の呼吸を体得していくことでもある。また、音読をしてみる。読みにくいところはないか、理解を困難にしているところは、内容はないであろうか。このような自らの読むという行為を通して素材としての研究をし、この教材を使ってどんな授業ができるかに迫っていくのである。この教材を使ってどのような力を育てることができるのか、そのためにどのような言語活動が可能なのか、可能な限りさまざまに考えてみる。組み合わせていく言語活動についても同様に、どんな力を育てることができるのか、どんなところにつまずくのか、どんな支援が必要となるのかなど検討を加えておかなければならない。このような授業としては目に見えない部分での取り組みが十分なされていないと授業は確かなものにならない。今一度、自らの教材研究・言語活動研究を問い直すことをしなければならない。小学校の教師の多忙な生活の中で日常的に教材研究に使える時間には限りがあるであろう。少なくとも次の視点によって、言語活動を含めた教材研究をすることが必要である。

教材・言語活動研究の視点

① 学習者の実態・年間指導計画の視点からどのような力を育てなければならないか

② 教材文の素材としての研究をする―内容面の価値

言語表現面の価値―語・句・文・文章の各レベルでの特色

文章構成・論理の展開

① 学習者の実態とあわせて研究する―内容的価値・興味・関心など

文章表現上の問題や難語句の指導など

② 指導にあたっての問題を研究する―指導すべき内容（どんな力を育てるか）を明らかにする

どんな方法で学ばせるか（どんな言語活動ができるか）

単元の構想・学習活動をどう組織し展開するか

重点を置いて指導することはなにか

指導に当たって配慮すべきことはなにか

個に対応した指導はどうするか

4　伝え合い・学び合いの技術の指導

充実したコミュニケーションなくして、学習の成立も授業の充実もありえない。伝え合うことなくして生きて働くことばの力は育てられない。しかし、「話し合いましょう」という活動は多くあるが、授業における話し合いの指導は十分になされていない場合が多い。学習の場におけるコミュニケーションについて見直してみることが必要である。

ア　ことばをきちんと伝える力と努力、確かに聞き取る力

ことばによる伝え合いが成立するためには、伝え合う力の基礎技能を育てておかなければならない。作家の重松清氏は、「ことばには、差出人と宛名がなければならない。」(国語教育フォーラム二〇〇五)と述べた。相手にきちんとことばを届けることができていないと伝え合いは成立しない。また、話されたことを正確に聞き取ることは、きちんと話すことよりも大切である。

イ　対話の指導から話し合いへ

話し合いの指導は、授業のなかに対話の場面をつくることから始めたい。話されたことに必ず反応する、ことばを返すこと、相手を意識してわかるように話すことを心がける。相手が分かっているかどうかの反応を皆が話したり確かめたりすることを習慣化する。対話は、こうした状況をつくりやすい。対話をした結果を生かして、自分の考えを発表する。友だちの意見を紹介する、友だちの意見に自分のコメントを加えて発表する。段階的に学習を進めることで、グループの話し合いに導いていく。対話の技術、グループの話し合いの技術を指導していく。

ウ　話し合いの技術を教える

話し合いは目的によって四つに分類することができる。親和的な話し合い、あることがらについて理解を深める話し合い、問題解決のための話し合い、読書会のような鑑賞を深める話し合いなどである。それぞれの目的にあった話し合い方を考えその言語技術を取り出して指導することが求められる。

まず基本とする事項は次の四点であろう。

a　はっきりと自分の考えを話す

b　目と耳を使って、集中して聞く

c　聞いたことに反応する（身体的反応・ことばによる反応）

d　思いを声にのせて伝える（心情的・同調的）

E　協力的態度で話し合う

エ　考える力を育てる聞き方・話し方の指導

かつて、一年生の話し合いの授業を参観することがあった。一年生の児童がゆっくりではあるがお互いの意見をよく聞いて自分の考えを述べていた。そこでは、児童の話し方・聞き方は、次のように指導されていた。

・私は、～に思います（考えました）。それは、～したところからです。

・いまAさんは、～にいわれましたね。（はい）このことについて私は、同じ考え方（違った考え）です。

そのわけは、（どうしてかというと）ここに～と書いてあるからです。

発言形式を示すと、発言が形式的に流れるという指摘があるが、ここでは聞き取ったことについての思考の流れを導いた発言形式となっていて、単なる発言の仕方の形式ではない。指導者の松浦仁美指導主事（当時は三津口小学校教論）のステップを踏んだ粘り強い指導が実った事例である。

オ　書くことと伝え合い―メモを書く―

しっかりした話し合いをするために、書くことを取り入れてみる。書くことは、自分の考えを確かにするためであり、聞き取ったことを書き、さらに考えるためである。このような目的で書く場合は、文章に書くのではなく、メモを短いことばで書いたり、図に書いたりするなどがよい。スピーチなどを聞いて意見を言う場合のメモの取り方やパネルディスカッションや話し合いにおけるメモの取り方などその場に応じたメモの取り方を工夫し指導したい。

聞きながらメモをとることは訓練の必要なことである。メモを取る目的の第一は、正確に聞き取るためにである。メモを取ることは、集中して聞くことである。また、聞きながら考える（聞き分ける・賛否を考える）ためにも必要である。聞き方の言語技術として指導したいものである。

5　学習過程における一人一人の学びの支援

ア　子どもの学びを見て取る澄んだ目と温かい心

どの子も授業はわかりたい、勉強はできるようになりたいと思っている。しかし、授業の場ではそれを素直にことばや態度で表してくる子どもは少ないであろう。子どものことばを受け止め、言おうとしていることを理解しようと努力している教師の姿勢を感じなければ、自分の本当の思いを伝えてはこない。教師の用意した考えに引きつけて聞いたり、用意した正解に合わせて選別したりしていては子どもの思いは伝わってこない。子どもたちのことばをありのままに深く受け止めて、ともに考える。話されたことばの背景を理解しようとする。子どもたちの心の内面に寄り添って理解しようとする態度から共に学ぶことは始まっていくであろう。

このことは、子どもたちの学びを的確に見て取ることでもある。子どもを見る専門家としての透徹した目と子どもの心を受け入れ、包み込む温かい教師の心が子どもを育てるのである。

イ　一人一人の学習に対応する支援の工夫

共感的な子ども理解が子どもの学びを育てる。しかし、その上で的確に指導する技術をもたなければ専門家とは言えないであろう。

一人一人に本当の学びの喜びを味合わせることができる指導の工夫をしなければならない。大村はま先生は、いつも「優劣のかなたに」と説かれていた。先生の最後の詩にもそのことが取り上げられている。一人一人の学習を支援すると言っても、「自分はできない子なんだ」ということを自覚させるような手だてであってはならない。

これまで多くの実践で取り組まれてきた方法には、次のようなものがある。

①学習の手引きを工夫して個に応じるものにする。興味・関心やつまずきに対応して、複数の手引きを用意して選択させる。

②机間指導によって、子どもと対話をする中で、助言やヒントを与える。あるいは、具体的な指導のメモを書いて手渡す。

③席表表に一人一人の学習状況を書きこんで、話し合いなどにおいて個を生かすようにする。

ウ　自ら学ぶ意欲を支え、高める学びたい気持ちを

一人で多数の児童の指導に当たる教師の指導にはなんと言っても限界がある。一人一人の学びを確かにする

ためには、それぞれが持っている学びたい気持ちを引き出し支えることが肝要である。

学びたい気持ちはどのようなときに湧いてくるのか。

一つには、この学習が何のためなのか、これを学ぶことは何につながっていくのかなどの学ぶ意義や目的が明確になっているときであろう。幼くてもこのことは大切なことである。

二つには、どうすればそのようにできるのかといった学び方が分かっているときである。学び方、学び方のコツのようなものは意外と教えてもらいたいことは、どうすればそれができるようになるかである。教室で子どもたちが一番教えてもらっていない。また、指導を受けてできるようになった場合は、それで満足してしまいがちであるがどのようにしたからできるようになったのかを意識させることが次の学習において生きてくる。学び方を学ぶことを大切にしたい。

三つには、自分のわかっていること・わからないこと、できること・できないことをとらえていると、次に学びたいことがはっきりしてくる。学習のふりかえりをさせていくことがこのことに繋がっている。学習のふりかえりは、具体的にどのようなことを、どんな順序で、どんなやり方でしてきたか、どこが難しかったか、どんなことは自信があるかなどをふりかえって記述する学習の記録である。こうした活動を伴って自己評価の力を育てていくことが自らの学びを育てていくことになるであろう。

ことばの力を確かなものにしていくことを考えるとき、その道がいかに遠く、広い世界に繋がっているかを感じ身が引き締まる思いがする。教師のできることはほんのわずかのことでしかない。ことばのおもしろさや奥深さの一端に触れさせことばの世界に足を踏み入れ、自らことばを学ぶ力を育てることを何よりも大切にしなければならないと思う。

第七章　学校を変える　教師を変える　授業研究の取り組み

1　教師の意識を変える授業研究

学校の教育改革は、教師の意識改革なくしては始まらないと言われる。教師の意識が変わらなければ、授業は変わらない。授業が変わらなければ子どもの学力を高めることはできないからである。教育実践に立ち向かう教師の意識を支えているもの、すなわち教育に対する考え方、子どものとらえ方、学力や授業についての考えなどを見なおさなければ教育実践を改善することはできないのである。

教師の意識は、これまでの長い教育実践のなかで得た知識や経験によって作られてきたものであろう。その意識を変えることはなかなか難しいことである。しかし、意識改革を可能にするのはこれまた教育実践なのである。

これまで授業研究をともにする過程で教師が明らかに変わったと実感することが何度もあった。それは、常に自らが試みた授業実践が、子どもの変容をもたらしたときであった。それには、まず授業を変える納得のいく理論に出会うことが必要であった。しかしそれだけでは変わらない。さらに、自分自身でその理論を確かめた時、教師の意識は明らかに大きく変わる。また、そのことが、自分だけでなく他のひとに承認されることがあると、このことはいっそう強化される。教師自身が変われば子どもが変わることを実感できたとき、そしてそのことを喜ぶ自分に気づいたとき人は変わるのであろう。それを可能にする最も効果的な場は、学校の授業研究である。

授業研究がお互いの学び合いの場に変わってきたときに教師の意識改革は始まっている。

学校の授業研究に参加していると、次第に教師集団が明るくなっていく学校がある。授業研究のこのような時は、授業も意欲的な試みがなされていたり、授業後の話し合いも、全員が積極的に発言をする。時には、笑い声も出て、明るい。授業研究を通してできあがってきた教師の学び合いの場である。このような場面に出会うと思わず胸が熱くなる。

このような教師集団はどのようにしてできあがっていくのか、二つの学校を取り上げて考察をしてみたい。

2 廿日市市立宮園小学校の授業研究

廿日市市立宮園小学校は、「自ら学び、考え、ともに高め合う子どもをめざして—国語力を高める言語活動の工夫をめざして」を研究主題とし、取り組んでいる学校である。

平成十七年二月十六日、宮園小学校は年度当初の予定通り、第十一回の授業研究が行われた。前年の十月末には、私も参加して研究公開を終えていた。久しぶりに学校に行ってみると、まず先生方が明るい。

授業は五時間目、三年生二五名の国語、指導者は曽根芳子先生である。

「これから五時間目の勉強を始めます。」と日直の児童の声に答えて「ハイッ」と張り切った声が響く。「今日の勉強は世界でたった一つのお話の三場面を書きます」「ハイツ」全員の声がそろっている。気持ちが一つになっている。このやりとり、特に日直の児童の生き生きとした声と話し方に触れると、日常の細やかなきちんとした話し方の指導が出来ていることを感じて授業の期待が高まる。

予想した通り授業は、見応えがあった。私の関心は、この授業を授業を支えているものに向かった。授業研究の積み重ねなしには、生まれないと感じたからである。

授業は次のような内容（一四四頁資料1参照）である。

(1) 三年単元「もしもの国へ行ってみよう—ぼくもわたしも小説家『世界でたった一つの本』をつくろう」

指導者　曽根芳子

第2次　ぼうけん物語を書こう　九時間のうちの六時間目

本時の目標　構想メモをもとに、書き表したい内容にふさわしい表現の仕方を工夫し、第三場面を書くことができる。

授業の展開（主な活動を示すが、一四四頁の資料1を参照してほしい。）

1　今日の目標は何かを確認する。児童は、「構想メモをふくらませること」を知っている。

2　「自分の目当ては何ですか。」の問いに、「ピカッと光ることばを入れる」「問題解決を入れて」「会話を入れる」など七人が発表する。

3　「ワークシートを選んでください。」の指示で班ごとにワークシートを取りに行く。三種類用意されている。

4　「何の動物と出会って、どんな風に解決しますか。」に「ワニと出会ってにらめっこをする」「ライオンにであってかけっこする」など六人が発表する。

5　「では、二〇分間書いてください。」集中して書いている。教師は、児童の個別指導に当たる。

6　「隣同士で読み合って友達のよいところを見つけてください。」向き合って読み合う。

7　「友達のよいところをみつけましたね。発表してください。」表現のおもしろさを中心に一五人発表する。

8　「自分のめあてについてよかったところを発表してください。」数人発表する。

9　「ふりかえりを書きましょう。」振り返りカードを書く。

10　「今日は先生方のご感想も聞いてみましょう。」さっと三人の先生が挙手して、ひとりずつ感想を述べる。

授業は構想メモに従って、文章を書く学習である。児童は、反応がよく、集中して学習に取り組む。自ら目的を確かにして学習する力を持っている。学習規律も身に付いておりよく指導されている。授業はいきいきとした子どもたちの学習で終始した。指導者のこれまでの取り組みの成果が十分に窺える授業であった。

話し合う子どもたち　宮園小３年生

（2）参観した教師から子どもたちへ

授業の最後の自己評価を終えた後に、「どなたか子どもたちにお願いします。」の指導者の声に三人の教師が手を挙げた。簡単な評価のことばであったがポイントついた発言で子どもたちは満足そうな表情を見せた。それぞれの教師の話し方も生き生きとして明晰であった。コメントのお手本にもなる見事な話しぶりであった。このことは、授業を参観したときにいつもなされていることのようであった。教師全員で子どもたちを育てていくのだという気持ちが十分に感じられて感動した。

（3）この授業までの授業者の取り組み

ア　国語力を高める日常的な取り組み

国語科の普段の授業では、次のことに取り組んできたと言う。

①　つけたい力を明確にした年間指導計画を作成し、それに基づいた指導をするように心がける。
②　学習者の実態に応じた指導をするために、単元に入る前に、アンケートやプレテストを実施する。個に応じた指導として、ワークシートやノート指導をする。
③　読書指導を重視するために、読書推進委員の教員との連携を図る。
④　自ら学ぶ力を育てるために、振り返りカードに振り返りだけでなく次時の自分の目当ても書かせる。
⑤　学期に一回は授業を公開する。

国語力を高めるために授業者は、日常生活や他教科の学習でもたくさんのことを試みている。

例えば、一日を振り返っての感想を毎日連絡帳に書かせて、よいところやがんばりをコメントしている。毎週金曜日の日記や毎月一回の俳句作りなど、表現活動を重視している。習った漢字を積極的に使う工夫や、漢字学習プリントなどが常時使えるように配備している。特に、学んだことを大切にするように日直の発言や、教師の授業のまとめなどに取り組んでいる。

イ　本単元における取り組み

本単元に入るに当たって、指導者は次の3点を重点的に取り組んでいる。

① 学習への意欲を高めるために朝の読書タイムにおいて動物や冒険に関する本の読み聞かせをした。また、学級文庫を設置した。

② 主体的な学習を育てるために、学習内容を前もって話し、興味を育てた。また、学習計画をいっしょに立てたり、本ができあがったらどうしたいかなどを話し合った。その結果をもとに学習計画表を作成し、学習の見通しを持たせるように工夫した。

③ 個の学習状況をとらえる個人カルテや支援計画表を作成した。個に応じた3種類のワークシートを準備した。

これらの取り組みをみる限り、国語科の授業について行き届いた細やかな指導がなされていると言ってよい。

（4）授業後の授業についての話し合い

授業研究として、授業後に行う話し合いはとかく形式的に行われがちであるが、この日の場合はそうではなかった。静かなやりとりではあるが、それぞれが積極的に発言をする。グループ観察をしたもの、ある特定の児童を観察したものなどそれぞれの視点から発言が続いた。授業チェック表もここでは有効に機能していたようである。授業に対する一人一人の取り組みや意識は明らかに変わってきていた。わずか一年のことである。なぜこのような状況が生まれたのか、探ってみたい。

（5）授業研究の態勢づくり

本年度の授業研究について、教務主任の谷川敏樹教諭は次のように振り返る。

今年度のはじめに山本先生から、「学校教育目標と研究がどう関連しているのか」というご指摘を受け、本校で行っている研究の意味を改めて考えさせられました。「自分を育てる」ことができる子どもを育てるために、国語科の研究を通して子どもたちに生きる力をつけようとしていたのではないのか、と初心を思いだした次第です。―「子どもたちが変わるためには、授業が変わらなければならない。そのためには教師自身が変わらなければならない。」―そのような思いを持って、今年度は教師の意識改革と授業改革を目標に研究に取り組みました。

①　教職員一人一人が同じベクトルで

一人一人が同じベクトルで研究に取り組むために、研究推進部を設け、三人体制で臨むことにした。「基礎学力の定着」「国語科授業の研究」「実の場としての総合的な学習の時間」の三つの側面から取り組んだ。研修体制としては、プロジェクトチームを設けたり、ブロック研修、全体研修などを工夫して取り組み、一人一人の指導力・授業力がアップしてきた。

② 研究紀要の取り組み

研究の足跡や授業改善の工夫が分かるような記録を残したいと考えた。数値化できない子どもの変容や発言、作品等から授業の結果を振り返ることにした。

③ 校内研修の協議の変革

単なる感想や質問でなくこれからの授業をどう変えていけばよいかを具体的にしようと思って取り組んだ。そのために、まず授業観察の仕方を変えた。授業チェック表や、抽出児などの視点を持って臨んだ。

④ 授業作りの視点に言語活動の設定をおいた。指導案にも取り組みを明示して、授業作りの視点を明らかにした。

⑤ ことばの基礎学習と言語環境の整備

日常生活から全教科にわたってことばの力をつけるように取り組んだ。俳句づくりをはじめ教師のことば遣いにいたるまで全教師が意識を統一して取り組むようにした。

具体的には、「はっきりタイム、ねんおしタイム」「発声タイム」「読書タイム」などの時間設定に加え、「自慢の俳句づくり」がある。校内の掲示一つにも豊かな言語環境となるよう心がけた。

(6) 取り組みの成果

このように取り組んだ結果、次の点に成果が見られたと、教務主任の谷川教諭はまとめている。

① 学校教育目標、研究主題、研究内容・方法に一貫性を持たせることによって、本校の目指す「自ら学び、考え、

ともに高め合う」子ども像にせまることができた。

② 言語活動を通して付けたい力を育てる授業づくりについて共通理解ができた。

③ 学習指導案の書き方について一つの様式ができあがりつつある。

④ 個に応じた指導・支援、目標と指導と評価の一体化をめざす授業スタイルが明確になってきた。

⑤ 学習計画表をはじめとして、子どもを取り巻く言語環境が充実してきた。

これらの報告をみると、一つの方法を決定して、それに基づくという実践研究ではなく、一つ一つの授業実践における子どもの学びをしっかりと見つめ、実践の方向を確かめ、取り組みを明確にしてきたことが窺える。このことが教師の意識を変え、実践の意欲を高めることにつながったのであろう。

（7）共に学び合うための学校づくり―校長のリーダーシップ―

このような研修によって教師の意識が変革をもたらしたことについては、校長のリーダーシップが大きかったことは言うまでもない。平田はつみ校長は、次のようにまとめている。

これまで、校内研修を何とか充実したものにしたいという思いを常に持っていました。研究授業をした教師、あるいはいっしょに研究を進めた学年の教師は脚光を浴びるけれど、研究授業の後の協議会では、研究推進以外の教師はとかくお客様でいたり、聞き側に徹しようとする者さえいたりする光景をずっと感じてきました。校内研修のマンネリ化を脱却しない限りは、本物の研究推進につながらないし、学校全体が活性化しないと考え次のような取り組みをしました。

《主な取り組み》

① 研修組織の改善

これまで研究主任が一人で研究推進役を果たしていたが、研究部を三名にしたこと。

② 研修の意義を全職員で確認

研究授業の意義、研究協議の場は参加者全員が主体的に学ぶ場であること。

③ 授業チェック表の作成（一四六頁資料2参照）

④ 研究授業の児童への評価

研究授業後その場で学級の児童によさを伝える時間をとって、学校全体で全校児童を育てる場にすること。

⑤ 研究協議の持ち方

協議の柱を決め、初めの三分間を自分の考えを書きまとめる時間としたこと。司会は、研究推進委員が交代で行い、全員発言とすること。

この結果、研究授業を参観する教師の姿勢が主体的になり、協議会の発言も活発になりました。討議の柱に従って話し合うことで、研修が深まるようになりました。校内研修は、授業力や指導力をつけるための大事な研修の場であることが、全職員に浸透してきたように思います。研究公開が終わっても、研修の姿勢には変わりなく、児童に学力をつけることと、教職員自らの力量を高めるという高い目標を持って日々取り組んでいるように思います。

ここに示された内容は、決して特別な取り組みではないようである。しかし、このことを徹底して行うこと、そして機を逸せずに適切に指導している校長の姿が浮かんでくる。研究推進に携わる者からは異口同音に校長の指導に感謝しているとのことばが聞かれる。校長の適切なリーダーシップと指導によって、校長を中心とした学校態勢が確立している。このことなしに、授業研究を充実させることはできないであろう。

(8) 宮園小学校の授業研究について

学校として行う授業研究の目的の第一は、学校教育目標具現化のためであるといってよいであろう。しかし、ともすればこのことが一貫して実践されていないことがある。また、研究を推進する立場にあるものは自覚しているが、教師一人一人に意識されていないことがある。この問題を克服する試みが宮園小学校にはある。一つには、校長の粘り強いそして時宜を得た研修についての指導と意識改革である。二つには、そのことを考えざるをえない取り組みである。例えば、学習指導案にテーマに関する授業者の考えを明記すること、また、一つは授業参観におけるチェック表や柱立てをして話し合うことを明確にしていることである。

研究推進部の三名の熱心で息のあった協力ぶりも見過ごすことができないであろう。校長のしっかりした支えのうえに実ったことである。

平成十六年度の紀要では、各クラスごとに、授業の実際について考察を加えている。

資料1　学習指導案「もしもの国へ行ってみよう―ぼくもわたしも小説家『世界でたった一つの本』をつくろう」

宮園小　3年

1. 本時の目標　九時間のうちの六時間目

○構想メモをもとに、書き表したい内容にふさわしい表現の仕方を工夫し、第三場面を書くことができる。

2. 本時の展開

学習活動	指導形態	指導・支援	個に応じた指導	評価規準（評価方法）
1. 前時の学習を想起し、本時の学習のめあてをつかむ。	一斉	・前時までで、表現の仕方を工夫していた児童のお話をいくつか紹介しながら、「表現を工夫しながら書く」「構想メモを膨らませ書く」という二つのめあてを意識させる。 ・自ら学ぶ意欲を持たせるため、一人一人のめあてを確認する。		
構想メモをふくらませて、わくわくどきどきするような第三場面を書こう。				
2. 書くときに注意することを確認する。	一斉	・「表現の工夫をする」「構想メモをふくらませる」ためにつぎの留意事項を確認させる。		書②書き表したい内容にふさわしい表現の方法を工夫している。

3．第三場面（二匹目の動物を出会う場面）を書く	個別	①ピカッと光ることばを使う。 ②会話文を入れる。 ③構想メモはそのまま写さない。 ④段落の書き始めは一マス下げる。（シールをはる。） ・一人で書き進めることができるように、これまでに学習した「ことばのポケット」「つなぎことば」の表を掲示しておく。	・3種類のワークシートを用意し、自分で選んで取り組むようにさせる。	言②必要な箇所は行を改めて書いている。（ワークシート）
4．書けたところまでをグループで読み合う。	グループ	・机間指導しながら、友達の表現のよいところを見つけるように声かけをする。	・書くことにつまずいている児童には、対話をしながら想像がふくらむようにさせる。	
5．友達のよいところを紹介し合う。	一斉	・内容にあった表現の工夫をしている児童や構想メモからふくらませることができている児童を全体の場でほめる。 ・友だちのよいところを見つけ、自分の文章に取り入れさせる。		書④自分や友達の文章のよいところを見つけたり間違いを正したりしている。（発言内容、振り返りカード）
6．学習のまとめをし、次時の学習を知る。	個別 一斉	・今日の学習でできるようになったことや次の学習でがんばりたいことを考えさせる。 ・次時は、宝物を見つける場面を書くことを知らせる。		

資料2　平成16年度　授業チェック表　　　宮園小学校

項　目		評価	気　づ　き
導入	児童の意欲を高めるような課題提示を工夫している。		
	授業のはじめに「めあて」を示している。		
	学習計画表を授業の中で生かしている。		
	必要に応じてワークシート等の教材・教具を準備している。		
展開	授業内容を構造的に表現し、分かりやすく板書している。		
	適切に発問・指示をしている。		
	一人学習の時間を確保している。		
	児童の発言や活動に対して評言している。		
	机間指導をし、個に応じた適切な支援活動を行っている。		
	補助簿を活用している。		
まとめ	授業の最後に「まとめ」と「評価」（振り返り）を適切に行っている。		
児童の様子	話す人を見て、反応しながら聞いている。		
	聞き手を意識して、はっきりと大きな声で話している。		
	正しい姿勢で、ていねいに書いている。		
	クラスの学習のルール（学習規律）が見える。		

3　尾道市立久保小学校の授業研究

尾道市立久保小学校は、平成十四年度から、国語教育の授業研究に取り組むことになった。校内研修をはじめ公開研究に三年間共同研究者として参加する幸運に恵まれた。国語科の研究は皆初めてということで、私自身も初心に返って新たな発見が多く、課題は重いものであったが学ぶことの多い研究となった。

研究に取り組んだ当初の状況は、思ったよりも国語科の授業についての理解が得られず、焦りを感じることも多かった。初めから形にとらわれず自分のやり方で授業研究をすることにしようという高橋僾英校長のお考えを生かして緩やかに授業改善に取り組むことになった。一年を経過しての平成十五年度の四月、全国標準診断的学力検査（ＮＲＴ）の国語の調査結果は大幅に伸びた。全市で授業研究に取り組む事業の成果として、全市の平均も上がっている。しかし、久保小学校の国語力全領域の伸びはさらに大きく、一〇ポイントの伸びであった。授業研究に取り組んで一年目のことである。この結果は、私の予想をはるかに越えるすばらしいことであったが、国語科の授業については、生きて働くことばの力を育てる授業としては、まだ課題が多く改善を必要とする状況にあった。

ここで、三年間の授業研究の歩みを振り返って授業研究のあり方を考えてみたい。

(1)　授業観の見直し、授業研究の意識を耕す

一年次は、「やっぱり『読むこと・書くこと』から学力の定着と向上へ―培った基礎・基本の力が発揮される総合的な学習の時間【発見尾道】へ―」のテーマであった。授業研究は、これまで総合的な学習の時間の研究を

続けてきた延長にあった。授業研究を行うための土壌づくりの時期であったと言えよう。むだなように見えるが緩やかな意識の変革がなされて来たように思う。しかし、一人一人の教師には授業作りの方法はまだつかめているようには見えなかった。

(2) 目指す授業作りのための具体的な取り組み

二年次は、花咲法子校長の下で国語科の研究に絞って取り組むことになった。テーマは「子どもが主体的に学ぶ授業の創造―国語科を通して『読むこと』『書くこと』の力を高める―」である。今年度は、どのように授業を創り出すかの具体的な目標を明らかにすることにした。

主題設定について、久保小学校の『研修のまとめ(平成16年度)』では次のように述べている。

《主題設定について》

① 児童が主体的に学ぶとは、

本校において児童の多くは、言われたことは素直に的確にできるが、次の指示を待っていることが多い。授業においても、児童にとって学びたい授業になってこそ確かな学力がつくものであるにもかかわらず、私たち教師が一方的に授業の準備をし、一方的に進めていることが多い。つまり、教師が中心になって引っ張っていく授業である。学習指導要領に示された各学年の各教科のねらいが、すべての児童に学力として定着していくためには、児童自らが主体的に学ぶということが大前提であると考える。児童が主体的に学ぶとは、授業とは、一言で言えば、教え込みの授業ではなく児童の側に立った児童主体の授業である。

そのためには、次のような授業にする。

○　児童のやる気を引き出す導入や内容にする
○　培いたい力を明確にする
○　主体的な学びができるよう選択できるものを準備する
○　個に応じた支援や援助の用意をする

（中略）

②「読むこと」「書くこと」の力を高めるために、次のことに取り組む。

○　読まざるをえない、書かざるをえない場を設定する。─必然性のある場
○　何のために読むのか、何のために書くのかねらいを明確に持たせる─目的意識
○　読んで、あるいは書いて、誰に伝えるのか対象や相手をはっきりさせる─相手意識
○　何を読むのか、何をどのように書きたいのかなど、内容をはっきりさせる─内容の明確化
○　「読むこと」「書くこと」の基礎学習の計画的・系統的な取り組みを行う─スキルの充実

③　授業をつくるに当たって（留意事項）

1　言語活動を取り入れた授業構成にする。
2　学ぶ必要や必然性のある授業にする。
3　培いたい力を明確にし、指導案では培いたい力を単元観に書く。その力をつけるための手順を指導観に書く。

4　単元目標は、指導要領をみて学年に応じたものとし、それを指導案の単元目標に書く。

5　評価については、指導要領の内容を具体的にしていったものにする。指導案では、単元の評価基準に、単元目標に記している領域と言語事項のみを書く。

6　単元計画を立てる際は、その培いたい力の定着が図れるようにする。その手順ごとに評価を行う。それが、指導案の単元の指導計画における評価になる。

7　「話したい・書きたい・読みたい」といった児童にとっての学びの必然の場をつくること。

8　本時では、ねらいと手だてを明確にする。

9　本時の展開では、指導案に予想される児童の反応、教師の発問を必ず書き、学びを大切にした授業となるようにする。

以上のようにくどいまでの細かさで、授業作りの考え方や指導計画作成の留意点を示している。さらに、仮説を設定し、検証の視点を明確にして授業研究に取り組むことにした。この結果、前述の目指す授業のイメージや前頁に示す授業づくり③の方法についてはある程度の共通理解は得られたように思う。一月の研究公開を終えたあとの一人一人の教師の表情は輝いていた。国語科の授業づくりがやっとつかめたと言うのである。しかし、研修テーマに沿った授業研究としての課題はまだ残っていた。

(3) 授業の評価を取り入れ、授業研究の質を高める

第三年次の研究は、テーマは引き続いて、「子どもたちが主体的になれないのはなぜか」を実践を基に明らか

にし、一方主体的な学びを育てる言語活動について研究を深め、授業研究に取り組んだ。

校内研修では、常に、この授業研究で明らかにしようとしていることは何かを問い、研究テーマと授業研究のつながりを意識させようとした。

今年度の大きな変革は、授業評価の取り組みである。授業を観察する場合の評価表、観察・評価に基づいた協議それらを総合して授業を分析し、授業改善の視点を明確にしている。一人一人のこうした実践の記録の集積は大きな力を持つであろう。

今年度の授業研究を振り返って、次のようなことを学んだと前掲の『研修のまとめ』（平成16年度）において報告している。

《今年度の教科研究を通して学んだこと》（抜粋）

○　研究テーマ及びサブテーマと研修との関連性を強めて設定したので、研修の方向が明確になった。

○　研究テーマに沿った仮説を入れた指導案を書くようにしたので、研究テーマに沿った授業であるということが明らかになった。

○　実践を通して主体的に学ぶことと言語活動の関係が見えてきた。言語活動に取り組む中で子どもの主体性が育つことが検証されつつある。

○　子どもが主体的に学ぶための導入の工夫として学習の必然性を求めることが教師の意識の中に定着しつつある。

○　個の力を見とることについての研修が不足していた。

○　授業研究グループを編成し、事前検討することによって、個人が責任をもって授業研究に参加することができた。また、全体研修の大切さを再認識することもできた。

○　培いたい言語の力を指導案の中に明記することによって、指導で目指すことが明らかになり、授業観察の目安にもなった。

右に示した教師のアンケート結果を見ると、授業研究についての意義や研究の進め方について理解が深まり、意欲が高まって来ていることが窺える。また、主体的に学ぶ授業についても実践的に確かめるとともに課題を明らかにしている。指導案の書き方や実践のまとめなど工夫が見られるようになってきた。

次の授業の事例は、修学旅行に行く機会をとらえ、言語活動の必然の場を創り出した授業である。ゲストティーチャーをうまく活用した事例でもある。この授業を巡ってどのように授業研究がなされたかをみてみたい。

(4) 授業研究の実際

単元　「ニュース番組を作ろう―修学旅行から取材しよう―」6年　指導者　尾道市立久保小学校　福島　靖之

本時の目標　○　取材にあたって、場や相手に応じた話し方、聞き方を知るとともに、自分のインタビューのことばを考えることができる。

準備物　(T) 取材計画表　ワークシート　ふり返りカード
(P) メモ帳　修学旅行のしおり

学習の展開

この授業で培う「言語の力」
ニュースの取材という目的に沿って、場や相手に応じた話し方や聞き方ができる力を培う。

学習事項	学習活動	教師の指導・支援	評価
1 学習課題への接近	○ 教師がインタビューのまねをして子どものさまざまな反応を引き出す。	○ 不用意なたずね方をすると困ることから本時の学習の必然性を導き出す。	
2 学習課題の確認	○ 本時のめあてを確かめる。 インタビューの仕方を学び、上手な話し方、聞き方ができるようになろう。	○ 学習課題を確認し、本時の学習への意欲を持たせる。	
3 学習課題の追求	○ ニュース番組のインタビュー場面のビデオを視聴し、インタビューのしかたについて考える。 ・たずねるときの言葉 ・くわしく聞き出すときの言葉 ○ ゲストティーチャーに質問し、インタビューの仕方や心がけることを学ぶ。 ・インタビューするときに言葉を返したりはさんだりしているのはどうしてですか。 ・インタビューでは、どんなことをくわしく聞き出そうとしているのですか。	○ アナウンサーが話す言葉に着目させることによって、どんな言葉で聞き出そうとしているかを考えさせる。 ○ ゲストティーチャーの答えの要点を板書し、インタビューの際に大事にすることが分かるようにする。 ・相手の話を聞きたいという態度を表す。 ・「それはなぜ？」をたずねることができるとよい。	○ 自分の気付きを進んでメモしようとしている。

	○ゲストティーチャーとともにインタビューの仕方を体験する。 ・教師とのロールプレイで 前置き「こんにちは、ぼくたちは……ニュース番組を……。インタビューさせていただけますか。」 本　題「このお店でいちばんよく売れるおみやげ物は何ですか。」 ・グループで個別に	○NHKアナウンサーにゲストティーチャーとして指導に参加してもらうことで、プロのアナウンサーが心がけていることを意識させながら体験させる。 ・インタビューをするときに、気をつけることや何を聞き出せばよいのかを一緒に学びましょう。 ○個々の言葉を明らかにできるようにする。 ・自分がどんな言い方で聞くのかを考えておきましょう。	○聞きたいことがよく伝わるような聞き方をしている。 ○インタビューにふさわしい言葉遣いができている。
4本時のまとめと次時の課題	○本時の学習をふり返り、ふり返りカードを書く。	○翌日から自分の判断でインタビューできるように心がけることを伝える。	

修学旅行に行って見たこと、体験したことを学校や家庭の人たちに知らせるためにニュース番組をつくろうという学習である。ニュース番組を作りたいが、どうすればよいか、取材をするとはどうすればよいか、うまくインタビューできるだろうか、子どもたちは意欲をもちながらも不安である。そのタイミングをとらえてアナウンサーをゲストに招いて学ぶという授業の流れである。子どもたちは、緊張してやや消極的に見えたが授業内容は迫力のあるものとなった。インタビューを仕事にしているアナウンサーの実際の様子をビデオで見たり、その時の準備や配慮したことなどを具体的に学んだこと、アナウンサーの適切な指導がなされたことなど授業を盛り上

げることになった。

よい授業は、授業後の話し合いも充実したものを生む。「研修のまとめ」を見ると、授業研究としてはこのようにありたいと思う内容が盛り込まれている。

授業評価

【国語科】ニュース番組を作ろう―修学旅行から取材しよう―
○ 平成16年9月8日（水）第5校時
○ 第6学年1組
○ 授業者：福島靖之　／　研究グループ：河本鈴子、前田明子、砂田章雄、桑原典子

【観点別評定の集計】　回答数は8、評定下の（　）内は人数

観点	そう思う↑ ↓そうは思わない				平均値
	4	3	2	1	
a）導入におけるビデオの視聴は、児童の興味・関心を誘うのに効果的であった。		（8）			3.0
b）課題提示の仕方は、児童に十分理解できるものであった。	（4）	（2）	（1）		3.0
c）授業にプロのアナウンサーを入れたことは、児童がインタビューの仕方に気づくために有効であった。	（8）				4.0
d）インタビューの仕方に気づくことが難しい児童に対して適切な手だてが用意されていた。	（2）	（5）	（1）		3.1

e）児童はインタビューの体験活動に意欲的であった。（挙手や発言だけでなく表情なども見ながら総合的に判断してください。）	4（3）…3（4）…2（1）…1	3.2
f）指導者のねらい（本時の目標）が本時の授業の中で、子どもに指導されていた。	4（3）…3（5）…2…1	3.3
g）児童は主体的に課題追求の活動をすることができた。	4…3（7）…2（1）…1	2.8
h）本時の授業における言語活動は「培う言語の力」を身に付けさせるために有効であった。	4（2）…3（6）…2…1	3.2

【評定結果の分析】

・導入におけるビデオの視聴は、児童の興味・関心を誘うのに比較的効果的であったという評価であった。ただ、初めて見るビデオであったため、アナウンサーのインタビューの工夫を見つけにくかったので、ビデオの内容を厳選できるとよかったと考える。（観点a）

・授業にプロのアナウンサーを入れたことは、子どもがインタビューの仕方に気づくためには大変有効であったと評価が高い。また、インタビューするときの注意点について、直接聞けたことが、より効果的であったということであろう。（観点c）

・児童は主体的に課題追求の活動をすることができたかという点で、評価が低かった。インタビューの相手や場の設定を児童が具体的にイメージできなかったために、主体的に課題追求に至らなかったと考えられる。（観点g）

・本時の取り組みがインタビューの体験活動に有効であるとする評価が得られた。これは、プロのアナウンサーによるインタビューの仕方を見ることが実際の体験活動に役立ったと考えられる。（観点e）

【授業観察の所感から】

児童の活動や反応について	教師の発言や支援について
・突然インタビューしても答えられないことが分かったと思う。 ・ビデオは聴くのが主になるので、全体からインタビューのポイントを見つけるのは、難しかったようだ。 ・質問が抽象的なので答えられないことが逆に、本時の学習を深めることになってよかった。	・インタビューの仕方をどうすれば上手に聞き出せるかを考えさせるにはよかったと思う。 ・インタビューをするポイントを考えさせる点では、非常によかった。 ・抽象的な質問が逆に本時の学習に効果的であった。 ・インタビューの仕方が明確になってよかった。小道具も効果があった。
・清川さんは最初の一声で子どもの心をぐっとつかまれていた。	・ビデオの時間、もう少し的を絞って短くてもよかったと思う。 ・指導者の意図した尋ねる言葉・詳しく聞き出す言葉は、見つけた児童もいたのではないかと思う。 ・その道のプロの方にゲストティーチャーとして来ていただくことで、学習の内容も充実していた。 ・さすがプロだけに聴くだけでもよい勉強になったし、児童の質問にも分かりやすく答えてくださってよかった。
・子どもたちの質問したりロールプレイしたりする時の声が小さいのが気になった。	・ゲストティーチャーへの質問は的が絞ってあってよかった。

・ビデオを視聴しながらメモをとる児童は少なかった。初めてのものを見ながら、メモしながらの活動は非常に難しいと感じた。

・インタビューの仕方の工夫が見られるようになった。
・一つの質問から答えを聞いて、さらに2つの質問を考えるのは、いくつかのパターンがあったほうがよかったのではないか。
・インタビューの体験が明日の実践に生かせればよいと思う。
・ゲストティーチャーの話術に引き込まれている児童を見て、ゲストティーチャーの効果的な使い方・意欲を持たせるための一つの方法を確認できた。
・ロールプレイの時間がもう少しあったらよかったと思った。

・ビデオ視聴に際して指導者が示した二つの視点は、難しいと感じた。
・二つの視点を言われてすぐに視聴するのは、視点を消化しないまま視聴したように思う。二つの視点を提示後、自分がアナウンサーだったらどういう言葉を使うか考えさせたらもう少し意識して視聴できたのではないか。
・インタビューの最後にどんな言葉を使われているかという発問は、児童にはわかりにくかった。
・ビデオの内容を比較して、もっとわかりやすいものを選べたらよかった。

・ポイントを3点に絞った説明で分かりやすかった。
・「なぜ金閣寺は金箔が貼ってあるのか」という質問のグループには、なぜそのことに興味を持ったのか誰に聞くのかをはっきりさせておいたらよかった。
・指導者と児童がインタビューのやりとりをするのは、具体的な活動で児童ものっていたと思う。

・明日からのインタビューに生かせるとよい。

・ゲストティーチャーのインタビューで大切なことは、日ごろの私たちの話し方や聞き方に共通のものがあり、大変勉強になった。
・あと一日あれば、もっともっと深まったと思う。

福島靖之教諭は授業後のまとめを次のように述べている。

研究授業のまとめ

1　仮　説

仮設1

子どもたちが実際に体験する修学旅行を題材に、それを保護者に報告するニュース番組を作ることに取り組めば、学習の必然性が生まれ、主体的な学習の場を仕組むことができるであろう。

仮設2

修学旅行で訪れる場所や活動の様子を対象にニュース番組を作ることに取り組めば、子どもたちに意図を持って書いたり話したりする力を培うことができるようになるであろう。

2　授業者の思い

本学級の児童は、自分の意図を持って、自分の発想で話したり書いたりすることが難しい子どもが多いという実態があった。この課題を解決するためには、書くことに前向きな気持ちになるような学習内容や指導法の工夫が必要であると考えた。

題材を間近に控えた「修学旅行」に求めることで、児童によってより身近な現実味をおびた学習になることから、自ずと意欲的になることを期待した。取材活動に当たって、プロのアナウンサーを招いてインタビューのしかたを学ぶ機会を設けたが、発声の仕方や質問の内容だけでなく、相手の立場や状況を考えながらどのように話せばよいのかを考えることも大切な要素であることも学んでほしい。

3　研究授業を通して

(1)　授業者より

○　ねらいに沿った授業の組み立てを学ぶことができた。

○　現実には相手がだれになるか分からないので、その場や相手に応じて言葉遣いも必要になる。

○　VTRで気づかせるおとについて視点を与えてみたが、アナウンサーの話し方の特長について気づくのは難しい。失礼のない言い方や聞きたいという姿勢を感じ取ってくれればよいと思う。

(2)　協議

○　導入の突撃インタビューによって、インタビューの仕方を学ぶという必然性が生まれた。

○　子どもたちの言葉の不明瞭さが明確になった。アナウンサーの話し方と対比するとよく分かったのではないか。

○　アナウンサーからインタビューの際の気持ちの伝え方の大切さを学んだ。教師側の声のかけ方も必要である。堂々と臆せずに手本となるように。

○　知らないことを尋ねるときの聞き方とは何かが本時ではわかりにくかった。

○　言語の力をどうつけるのかがよく見えなかった。子どもが知らないことはマニュアルで教えることがいるのかも知れない。

○　インタビューにはシナリオがあって、アナウンサーはそれを頭に描いてたずねているということを子どもが理解しているか。

○　インタビューの内容について、相手や内容は適しているのかという吟味が必要ではないか。
○「相手の目を見て」などの態度面の指導も必要である。
○　今日のねらいは、「場や相手に応じた話し方や聞き方ができる力を培うこと」であるから、流れがシンプルでよかった。

（3）講師より

○　ゲストティーチャーの効果的な使い方をもっとよく考えるべきであった。
例えば、導入の演出はなしにして、いきなりVTRを視聴して感想をたずねる。その感想をもとに教師がアナウンサーにインタビューするというのもおもしろい。アナウンサー自身からVTRについての感想を聞くのもよい。プロでも困ることがあるということが分かれば子どもは安心する。
○　今の子どもたちがコミュニケーションできないのは相手意識がないから。本当は言いたくないことをどう言わせていくかを考えること。授業はコミュニケーションである。
○　アナウンサーの話を聞いて思ったことを述べ合う時間があったらよかった。
○　評価するとは、子どもの側に立って授業をして初めてできること、それには子どもとしっかり話すこと。話すとは学ぶこと。子どもの心を閉ざすことは学ぶことにつながらない。

（4）インタビューの活動を終えて

当日は、修学旅行出発日の前日であり、まさにリアルタイムな学習にはなったのだが、個に応じた事後の指導や確認もできないままに、当日に臨まなくてはならないという苦しさもあった。しかし、修学旅行中に必ず1回はインタビューをするという個々の目標ができ、漫然とついて歩く旅行とはちがった緊張感も感じながら、児童にとってはよい体験をする機会になったのではないかと思う。児童の感想からも、現地で見知らぬ人と会話ができたことの喜びや、無事目的を果たせたことの充実感と共に、自分から他人に話しかけることに対して自信を持てたという実感がうかがい知ることができた。

《清川アナウンサーへの手紙から》

授業をしていただいて、聞きたいという気持ちを持つことが大事なんだと分かりました。おかげで修学旅行ではちゃんとインタビューができました。私は清水寺で観光客の人に清水寺の感想をたずねました。ちゃんと答えてくださってとてもうれしかったです。インタビューをしてみて感じたことは、こちらが聞きたいことを聞き出すのは意外とむずかしいということです。

清川さんから学んだことを生かして修学旅行ではちゃんとインタビューすることができました。ぼくは、USJのスタッフの人に一番人気の乗り物と、一番売れている商品を聞きました。答えてもらったときはほっとしました。清川さんに教えていただいたおかげでちゃんとインタビューできたのでうれしかったです。これからもこんなチャンスがあったら、進んでたずねてみたいと思います。

4　終わりに

授業の時期と修学旅行が重なったという好条件もあったが、6年生にとって最大の関心事である修学旅行を題材にできたことは、子どもの関心や意欲を喚起する上で効果的であった。また、プロのアナウンサーとじかに接するという、ふだんできない体験によって単元の学習を印象づけることができた。現場でインタビューしたことがニュース番組づくりにどの程度生かされていたのかを追跡調査していないので、正確には分からないが、ニュースを読む際に部分的にインタビューによって知り得たと思われるコメントを付け加えていたグループもあった。ニュース原稿づくりの中で情報を選択しながら採り入れていたものと思われる。

ニュース番組は、ビデオ撮りの本番よりも、参観日での中間発表の方が子どもの意識は高まっていた。相手意識は、意欲を持たせるために大きな要素となることが立証された。番組の構成については、楽しい番組になるように特集コーナーを設けたり、ニュースとクイズを組み合わせたりして、工夫をしているグループが多かった。このような言語活動には意欲を示す子どもたちなので、今後も情報を採り入れたり発信したりする活動を積極的に仕組んでいきたい。

「授業研究のまとめ」には、授業評価表がある。評価の項目は、授業の目標、授業者のねらいとしていること、学習の状況についてなどが盛り込まれている。「研修のまとめ」に見る授業後の反省は、今後の授業づくりに参考になる。

4　授業研究の課題

(1) 改めて授業研究の意義を

年間多くの授業の時間を割いて授業研究が進められている。このことによって授業が変わり、児童の自ら学ぶ意欲を育て、

清川アナウンサーを招いた尾道市立久保小学校６年

学力の向上が図られている。それだけではない。教師の学び合う姿勢が育ち、学校全体の協力態勢が作られていく。こうした学校態勢が教育目標の具現化に当たっては最も重要なことであろう。生き生きとした教師の教育活動は何よりも子どもたちの教師への信頼感を育てると共に、共に学ぶ喜びと意欲を高めるであろう。教師が変われば子どもが変わるとよく言われるが、こうした授業研究の重要性を体験と共に実感的に体得したい。

(2) 授業研究の目的を明確にして

校内で授業研究を行う場合、少なくとも目的は四通り考えられる。一つは、学校の教育目標の具現化を目指して行う場合で最も多く見られるものである。次に、カリキュラム等の研究開発の目的で行う場合があり、指導法の研究の研究や学力等実践課題の克服のために行う場合である。また、個々の教師の指導力の向上を目的として実施する場合がある。さらに、教師が一体となって教育活動を推進するために、学び合い、協同できる学校態勢づくり学校態勢づくりを目的として行っていく場合もある。学校で行う授業研究では、必ずしも目的は一つに絞られない場合もあり、複合的である。いずれにしても、こうした授業研究の目的を明確にして行うことが成果を挙げているように思う。

(3) 授業研究を主体的に

授業研究の意義や喜びを教師自身が体得していくことは必ずしも容易ではないであろう。授業研究をやらなければならないという少し重い気持ちで取り組んでいないだろうか。また、自分自身の授業を振り返ることなしに授業について意見を述べても授業研究に参加してよかったということにはならないであろう。授業研究における主体性がここでは問題になる。

授業を公開する場にあるものは、いやでも主体的にならざるをえない。問題は、授業研究に参加する場合の参加の仕方にある。

まず、対象となる授業についての理解である。授業研究の目的は何か、どんな工夫や試みを提案しているかである。学習指導案を通して事前に、教材や授業の展開などを理解して臨みたい。校内の授業研究では、事前研究などがありこのことについて取り組まれている。また、授業観察表や、授業評価表などが準備されていることもある。こうして授業を観察する目的や課題が明らかになる。

授業では、児童の学習の様子を的確に観察できるようになりたい。座席表に観察したことを書き込んでいくのも一つの方法である。また、時系列に、子どもの活動や教師の指導・支援を書き留めるのもよい。授業の具体的な事実をとらえることができなければ授業についての話し合いはできない。

（４）授業後の話し合いを充実させる手だてを

授業を参観した後の研究協議会は、重要である。しかし、限られた時間である上に、意見も十分でないとあってはせっかくの授業参観も生かされないといってよい。このための工夫をしなければならない。

そのために、二つの視点から考えてみる。

まず、発言する内容をしっかりもって臨む工夫をする。例えば、授業観察カード、授業評価表などの準備をする。また、それぞれが児童やグループを担当して十分な観察をするなどが考えられる。こうして、十分な授業についての意見を準備して話し合いに参加する。

主体的な話し合いへの参加を求め、話し合いの充実を図るようにする。全員発言を約束している学校もある。

(5) 授業についてのまとめの重要性

授業後のまとめは非常に重要である。自分の授業を振り返ることから授業改善は始まるが、このことは決して容易なことではない。自分で自分の授業を振り返ることは、授業の資料を整え、自分のことばで文章化する過程を通して可能になる。借り物でない十分咀嚼したことばで実践の記録をまとめることができるようにしたい。実践を整理し、自分の言葉でまとめたときに初めて実践で得られたことも授業の意義や価値も我がものにすることができると言ってよい。

まほろば講話

二十一世紀を生きる力

コミュニケーション能力を高めよう

はじめに

みなさんは、友達関係がうまくいかないと悩んでいることはありませんか。また、知らない人と話すのが苦手だ、年上の人と話すのがむずかしいと思っている人もいるでしょう。これらのことには、いろいろな原因あると思いますが、大きくはコミュニケーション能力が不足していることから起こっています。

これからの社会は、国際化社会、高齢社会、高度情報社会と言われ、複雑なコミュニケーションが求められる社会となります。二十一世紀はコミュニケーションの時代という人もいます。

このようにコミュニケーションが必要となる社会であるにもかかわらず、コミュニケーションの媒体の変化は、人と人との直接的なコミュニケーションを困難にさせています。コミュニケーションには、言語によるコミュニケーションと非言語のコミュニケーションがあります。皆さんには、まずことばによるコミュニケーション能力を豊かに身につけてもらいたいと思います。表情や行動だけによるコミュニケーションもありますが、複雑な事柄や思いを伝えることにはなりません。暴力もまたコミュニケーションだと考えられなくもありませんが、これは、ことばによるコミュニケーションがうまくとれないときに起こるものだと考えられます。

コミュニケーションの問題を考えるときには、ことばの力の問題も大きく、また対人能力や社会性の発達の問題も、場の条件なども含めてさまざまな視点から考えることが必要になります。今日は主として、ことばによるコミュニケーションについて考えてみましょう。

1　なぜコミュニケーション能力か

コミュニケーションを取り上げたいと思った理由については、直接的な二つのことがありました。その一つは、東京のある教育系の大学生についての調査で、次の二つの問いがなされたのです。

「基礎学力として大切だと思うものは何ですか。」

「生きる力として大切なものは何だと考えますか。」

この調査の結果では、二つとも「コミュニケーション能力」を挙げた人が半数程度いて、この答えが最も多かったそうです。調査をした人は、「コミュニケーションの大切さを認識している人が多いことがわかる。同時にコミュニケーションに悩んでいる人が多いのでは」と解説しています。皆さんはどう考えますか。

また、学校教育を代表する管理職の方々の集まりの中で、「教師に最も必要な力はどんなものですか。」と尋ねてみたことがあります。そうすると、それぞれ校種は違いましたが、異口同音に「それはコミュニケーションの能力です」とのお答えが返ってきました。そのコミュニケーションとは、どんなものかと尋ねますと、子どもとのコミュニケーション、同僚とのコミュニケーション、保護者や地域の人とのコミュニケーションだと言われるのです。子どもたちによくわかる授業をするためにも、保護者に自分のしていることを説明してわかってもらうためにも、地域の人に協力してもらうためにもさまざまな人や目的に応じたコミュニケーションができるようになっておくことが必要だと言われるのです。

このように、皆さんが将来、幼稚園、小学校の先生や保育園で保育士として仕事をしていくために、コミュニケーション能力が求められていることが分かったでしょう。
現在の皆さんはコミュニケーションで困っていることはありませんか。友達との関係はうまくいってますか。
今日は、こうした状況を考えてコミュニケーション能力を高めるためにどうすればよいかを考えてみましょう。

2　今、求められるコミュニケーション能力

二十一世紀のキーワードは、コミュニケーション能力であると指摘される人がいることはすでに話しました。これからの社会では、国際化も情報化も高齢化もいっそう進むことでしょう。私たちは、共生社会と言われるようにさまざまな人と助け合い、協力し合って生きていかなければなりません。誰も一人では生きていくことができないのです。

このためには、単なるおしゃべりではなく、ことばを交わすことによって通じ合い、わかりあい、情報を分かち合う（共有）コミュニケーション能力が必要なのです。

（1）フローレンス・パウエル君のこと

ここで、ドイツの十三歳の少年、フローレンス・パウエル君のことを話してみたいと思います。

ある秋の終わり、フローレンス君は、ザルツブルグにある湖畔のホテルの食堂で母親と一緒に食事をしていました。同じテーブルに私の兄がいて、料理を注文するのにドイツ語のメニューに悪戦苦闘していたのだそうです。フローレンス君は、その様子を見て、ウエイターを呼んで、英語のメニューを持ってくるように言ってくれたのです。そのことがきっかけで、ドイツ人親子と日本人の技術者はたくさんの話をしました。私がこの話を知った

のは、兄が赤いきれいなクリスマスカードを見せてくれた時です。カードには賢そうな少年の写真に添えて、次のようなことが書いてありました。

あなたは、覚えていますか。11月27日にザルツブルグのホテルで私と議論したことを。あのとき、あなたは「ネバー　ギブアップ　アタック！」と言われましたね。このことばを僕は決して忘れません。このことばを大切にこれからを生きていきます。

このことを家に帰って父に話しました。父も本当にそうだと言って、自分のスピーチにこのことばを使って話しました。

兄はその時のことを思い出してこう話しました。そのことがきっかけで、君は将来どんな人になりたいのか、またどんなことをしたいのかなどいろいろと話し合った。彼の夢も聞いた。その時、日本ではクラーク博士が「ボーイズ　ビー　アンビシャス（少年よ大志を抱け）」といったことばがあることを伝えた。「アンビシャス」のことばの意味を説明したが、彼にはなかなか理解できなかった。母親の助けもあったが十分理解してもらえなかった。そこで、「ネバー　ギブアップ　アタック！」と言い換えたのだということです。

このエピソードを聞いたとき、私は驚きました。まず、この十三歳の少年のすばらしいコミュニケーション能力にです。こんなコミュニケーション能力を持つことができるようになったらいいなと心から思いました。ここには、コミュニケーションのあるべき姿が示されていると思ったのです。

まず、コミュニケーションは単なるおしゃべりではなく、相手に対してきちんとわかるように伝えることに始まる伝え合い、通じ合いでなければならないということです。そのためには、対等に粘り強く相手のことばを聞き理解しようとしなければなりません。十三歳の少年が、始めて出会った日本人のことばをきちんと聞き取って納得いくまで話し合い、理解しようとしたことに本当に感動しました。兄の方も相手が子どもだからといってあきらめずにねばり強く相手をしています。対等にどんな人とも話し合える、相手のことばをきちんと聞く、このことがコミュニケーションの基本的な姿勢です。フローレンス君にはそれができています。

そして、聞いたことに納得がいけば、そのことを自分のものとして役立てていこうとしています。学ぼうとする姿勢がよく聞くことにつながっています。彼は、きっと感動したのでしょう。そのことを的確に父親に伝えたのでしょう。よくわかるように伝えられたからこそ父親も感動し、少年の感動を受け止めて、父親も自分のスピーチに取り入れたのです。平凡ななんでもないことばも人の思いと共に伝えられると輝くことばに、心に刻まれることばになるのでしょう。コミュニケーションの手本のような事例です。

また、短い手紙の文章は、事実を簡潔に具体的に描くことでその時の感動やその後の気持ちを鮮やかに伝えています。すばらしい表現力だといえましょう。

それにもまして大切なことは、困っている人を見たら相手がどんな人であれ、その状況を見過ごさずにかかわっていける生きたコミュニケーションの力を持っていることです。

兄は、成人して活躍しているであろうフローレンス君にドイツへ行ってぜひ会って見たいと思っているようです。このように見てみると、コミュニケーションは、まさに生きる力の根源であり、新しい人間関係を拓くとともに、生きる希望をもたらしてくれるものだと言えるでしょう。

（2）コミュニケーションとは

ここで改めてコミュニケーションについて考えてみましょう。コミュニケーションには、言語によるコミュニケーションと言語によらないコミュニケーションとがあります。

ア　言語によるコミュニケーションと非言語コミュニケーション

コミュニケーションには、ことばによるものとことばによらないコミュニケーションとがあります。ここでは、ことばによるコミュニケーションを問題にしたいと思いますが、ことばによるコミュニケーションにおいても、ことばではない周辺言語や身体言語などと言うものを伴って表現されます。

また、言語によるコミュニケーションには、音声言語によるものと文字言語によるものとがあります。ここでは、話し言葉によるコミュニケーションを取り上げていきます。

イ　コミュニケーションはことばのキャッチボール

コミュニケーションは、相手との目的をもった伝え合いです。よくことばのキャッチボールに譬えられますが、単なるおしゃべりやことばのやりとりではなく、目的をもった相手との双方向による通じ合い、分かり合い、分かち合い（共有）です。情報を交換したり、問題解決のために話し合ったり、お互いの認識を深めたり共有したりするためのものです。

（3）生活や学習の場のさまざまなコミュニケーション

コミュニケーションは、特別の場におこることではありません。今、ここでこうして皆さんに語りかけていることもコミュニケーションを取ろうとしていることです。皆さんからは、笑顔やうなずきで反応が返ってくるとコミュニケーションが成立していることを感じます。日常の会話や、話し合いや討論、そして、授業もコミュニケーションの成立によって成り立っています。このようにさまざまな場でコミュニケーションは必要とされていますが、現代社会では、このことがなかなか難しいようです。このためにコミュニケーションが大きな問題となってきているのです。

（4）学ぶ力としてのコミュニケーション能力

これまでも話してきましたが、コミュニケーション能力は生きるために必要な力として重要であることが分かってもらえたと思います。生きる力の中心は問題解決の能力だと考えますが、その基礎力として、ことばの力と学ぶ力を挙げたいと思います。コミュニケーション能力もこれらの力に支えられて働きます。

さて、これからの社会に求められるコミュニケーション能力としては、特に人間関係を拓くコミュニケーション能力、学ぶ力としてのコミュニケーション能力、協同の場を作り出すコミュニケーション能力が挙げられます。コミュニケーション能力が人間関係を拓く力であることは言うまでもありませんが、学ぶ力としても大変重要なものと言えます。

ここでは、学ぶ力としてのコミュニケーション能力について話してみましょう。コミュニケーションの基本は対話ですが、東大教授の佐藤学氏は、学びが成立するためには、「三つの対話」が必要だと主張しています。まず、「学び手と教材との対話」、「共に学ぶ友達との対話」、そして「自分自身との対話」です。学ぶためには、自らが対象に働きかけることによって学びが始まります。また、学びの対象について、自分との関わり、何が分かっていて何が分からないのか、学びにおいて自己を見つめることが「分かる」ということにつながります。さらに自分が分かったことを学び手同士や教師と伝え合うことによって深めたり広げたりしていくためにお互いの対話が必要になります。このようにして学ぶと、学んだことが本当にわかり、使える知識や技能となって生きて働く力となるのです。対話、そしてコミュニケーションなしには、学びは成立しませんし、確かな力とはなりません。

また、このような学びの授業を通して協同の学びの場はつくられていきます。学び合う喜びはこうした中で生まれていきます。

3　コミュニケーションが成立しなくなった

哲学者の中島義道氏は、著書の中で「現在は対話のない社会である。」と述べ、ことばによるコミュニケーションが難しくなったことを指摘しています。近頃は、「わかってくれない」「気持ちが伝わらない」と訴える人も少なくありません。

この理由として、次のような問題を挙げることができます。

一つには、ことばの力の不十分さ、特に表現力の未熟さがあると思います。このことは、体験の不足に加えて、読書量の足りなさも原因と思われます。また、直接対面しての話し合いよりも携帯電話やメールによるコミュニケーションが多くなってきたこともその原因の一つです。よく通じている人とのコミュニケーションになれてしまって、よく知らない相手に分かるように伝えようとする努力をなくしているのかもしれません。

さらに、コミュニケーションにおいて最も大切な、相手に対する意識や理解が出来なくなっているのかもしれません。社会の変化や複雑な状況の中で最も必要になるコミュニケーションが、コミュニケーション媒体の変化などで逆に困難になってきたことは皮肉なことだと思います。

それでは、コミュニケーション能力を高めるためにどうすればよいか考えてみましょう。

4　豊かなコミュニケーションのために

現在、学習指導要領では、小学校から高等学校まで、国語科の目標として「伝え会う力」が示されています。「伝え会う力」は、コミュニケーションの能力といってもよいでしょう。このようにコミュニケーションを取り上げているのは、コミュニケーション能力の育成を目的としていることは、言うまでもありませんが、学ぶ力としても、ことばの力を育てるためにも大変重要なことだからです。なぜなら、ことばは相手に伝わらなければ役に立ちません。どうすれば相手によく伝わるかを考えて使うところに、ことばの力が育ってくるのです。

さて、ここでは、話し言葉によるコミュニケーションを中心に考えてみましょう。

(1)コミュニケーションは双方向の共同作業

コミュニケーションは、伝える人と、それを受け取る人との共同作業です。そのために、発信する側と、それを受け取る側とがそれぞれにしっかりした能力とコミュニケーションを成り立たせようとする意欲を持っていることが条件になります。

具体的には、コミュニケーションが成り立つ条件は次のようなことです。

○　コミュニケーションの目的が明確になっていること
○　話し手が話したいことと話したい気持ちを持っていること
○　話し手がきちんと話す力を持っていること
○　聞き手がそれを受け止めるということ

○　コミュニケーションを続ける意欲を持っていること
○　コミュニケーションの場を共有していること
このように、コミュニケーションは、一方が「話したい」とどんなに思っても聞き手が聞きたいと思わなければ、コミュニケーションは成り立たないのです。コミュニケーションは、話し手と聞き手が共同で作り上げていく双方向の営みです。よいコミュニケーションは、話し手と聞き手とが交互に入れ替わります。コミュニケーションは、お互いが相手を理解し、分かり合おうという努力なしには成り立たない問題です。

コミュニケーションの成立には、次に示す四つの意識と三つの能力、非言語のコミュニケーションが大きくかかわってきます。

（2）コミュニケーション成立にかかわる意識
コミュニケーションが成立するときは、次に示す四つの意識が働いています。
ア　相手に対する意識（対他意識）
コミュニケートする相手に対する意識です。伝える内容について相手の知識や情報、また関心の度合いなどについて理解をしておくことが、どんな内容をどんな順序で伝えていくかを決定します。また、伝え会っている途中でも常に相手の様子を理解しながら柔軟に伝え方を変えていくのです。コミュニケーションにおいては、最も重要な意識です。
イ　事柄についての意識（対事意識）
伝えたい事柄についてどのように正確に捉えているか、また適切に伝えているかという、伝える事柄についての理解や意識です。話し手自身がはっきり伝えることをとらえていなければ伝えることはできません。

ウ　対話の目的についての意識（目的意識）

何のためのコミュニケーションかをとらえていなければ、たんなるおしゃべりに終わったり、伝え合ったがよい結果がでなかったりということが起こってきます。こうならないために、絶えずコミュニケーションの目的を意識しておくことが必要になりまうす。

エ　自己についての意識（対自意識）

伝え合っている事柄について、自分はどのように理解しているか、また、自分はどのように思っているかなど自分自身についての意識をもたなければコミュニケーションを成功させることは難しいと言えましょう。

オ　ことばについての意識（対辞意識）

相手に応じて、また伝える内容によってどのようなことばを用いて、どのような表現をするかについての意識を持つことによって、よくわかるように伝えられるともに、ことばによる表現力を中心としたことばの力をのばすことになります。

（3）コミュニケーションを支える言語能力

ア　話す力

よくわかるように話すことによって、コミュニケーションは始まります。まず、相手によく伝わるように、はっきりと話すことが基本です。相手にわかるように伝えるためには、まず伝えたいことは何かを明らかにしておくことが重要です。特に相手によくわかるように伝えるための基本は、伝える順序です。

次に、相手に伝わるためには、まず声が相手に届かなければなりません。自分の気持ちをことばにのせて伝えるためには、声や表情が問題になります。発音や発声の基本を十分に学ぶこと、特に口形をきちんと整えて、発音すること、口をはっきり開けて話すようにすることが大切です。

次に、気持ちを声にのせて話す、つまり話す内容をよく考えて伝えたいことは何かをはっきりとらえて話すようにすると、抑揚や強弱がついてきて、棒読みのような話し方にはなりません。自分の話す声を聞きながら話すようにすると話し方は変わってきます。

さらに、話し手の反応を見ながら話すことも大切です。聞き手の様子を見ていると、もう一度繰り返したり、言い換えたり、具体的な例を加えたりと話し方が変わってきます。

イ　聞く力

聞くことは、相手を受け入れることから始まります。

聞き方によって、聞く力は、次のように分けることができます。

①　聞く―正確に聞きとる聞き方

②　聞き分ける―事実と根拠、事実と意見など聞き分ける論理的な聞き方

③　批判的に聞く―正しいか正しくないか、賛成か反対かを考えながら聞く聞き方

④　訊く―聞いて分からないことや確かめたいことを尋ねる聞き方

⑤　聴き入る―鑑賞的に聴く聞き方

聞き方には、いろいろありますが、まず話し手のことばを素直に聞くことが大切です。素直に聞くとは、偏見や先入観をもたずに、正しく聞くことです。次に、わかろうとしながら聞く、共感的に聞くことに努めます。聞き手がうなずきながら、反応しながら聞くと、話し手の話し方に熱がこもってきますし、聞き手も聞き方がいっそう積極的になってきます。

聞くことは、受動的なことだと思っているかもしれませんが、本当は聞こうとしなければ聞いても分からないのです。聞くことは能動的なものです。私たちは知らず知らず自分の知識や経験、関心に引き寄せて聞きがちですが、話し手の伝えたいことを、ことばの意味を正確にとらえるように努力しましょう。思いこみが誤聴を生み、誤解を生じさせます。

また、聞くときは、ことばの意味を聞くだけでなく、どんなことを伝えようとしているかそのことばに込められた思いを聞くことも大切にしたいものです。

そして、理解できなければ「たずねる」ことが必要です。そのためには、「~をいわれたのですね。」などと聞いたことを確認することもしなければなりません。

きちんと聞く力を身につけるためには、次のことが大切だと考えています。その一つは、集中して聞く習慣を持つことです。そのためには、沈黙して、よく考えながら聞くことを習慣づけたいのです。このために、メモをとる習慣、反応しながら聞くことに努力しましょう。

ウ　対応力（聞いたことについて話す力）

話されたことについては、必ず何らかの反応を返すようにしましょう。うなずいたり、表情に表したりすることもいいと思いますが、それだけでは内容が深まりません。理解したことをことばで伝える、賛成か反対かを伝える、聞いたことに自分の考えを述べるなどで情報を分かち合ったり、理解を深めたりすることができるようになります。

（4）周辺言語・身体言語などの非言語コミュニケーション

これまでも述べてきたところですが、コミュニケーションにおいてことばだけでなく、これを支える非言語的なものがあります。

マジョリー・F・バーガス女史は、次の九つのメディアを示しています。

①人体　②動作　③目　④周辺言語　⑤沈黙　⑥身体接触　⑦対人的空間　⑧時間　⑨色彩

高橋俊三氏は、非言語コミュニケーションを「周辺言語」、「身体言語」、「場の言語」、「沈黙の言語」の四つに分けています。

ア　周辺言語

周辺言語とは、声の表情としての表現要素であり、「声の高さ、強さ、速さ、軟硬、張り、上下、緩急などの変化の幅、間、リズムなどの調子」などです。簡単な内容であれば、コミュニケーションにおける周辺言語の影響は、六〇パーセントを超えるという調査もあります。

イ　身体言語

身体言語には、次の二つの内容があると言われます。

①　話し手の表情、姿勢、動作、視線、服装など身体的な表現要素

②　話し手と聞き手との間に見られる相互注視、身体接触、同調行動など身体の連動関係による表現要素

ウ　場の言語

話し手と聞き手との間の対人的距離や位置、相互対話のタイミングやチャンスなど、空間的・時間的背景となる表現要素

エ　沈黙の言語

表面的なコミュニケーション「0」の状況（0であるという雄弁な表現）

このように非言語のコミュニケーションは多く、またその影響は大きく、ことばの意味をこえて伝えてしまうこともあります。「目は口ほどにものをいう」のことわざもあるようにコミュニケーションにおいて非言語のコミュニケーションは無視することができないのです。コミュニケーションは、体全体で伝え合っていると考えなければなりません。

(5) 豊かなコミュニケーションのために

今日の社会の複雑さや、そこに生きる人の多様さはコミュニケーションの成り立ちを複雑にかつ、困難なものにしています。コミュニケーションを成り立たせるためには、お互いのコミュニケーションを大切に思い、コミュニケーションを成り立たせるためにお互いが努力を怠らないこと、さらにそれに必要な能力を磨くことが肝要です。話したならばよく分かるはずという思いこみはしないようにしたいものです。

ア　相手のことを考える人に

豊かなコミュニケーションを成り立たせるために､話す能力や聞く能力が必要なことは言うまでもありません。話すのが苦手という人がいます。だから、コミュニケーションはできないと思ってしまいがちですが、話すのが上手だからコミュニケーションがうまくできるわけではありません。相手のことを考えて、相手に伝わっているかどうかを考えながら伝えていくことが大切です。そうすることによって、どうすれば相手に伝わるかが少しずつ分かってきます。どんなに話すのが上手だと言っても相手に伝わらなければ話すのが上手なのではありません。また、どうしても分かってもらいたいという思いが相手に伝わることばを選び、よく分かるようにという思いがことばや声にのって相手の心に響くようになります。

イ　よい聞き手になる

「あの人と話していると楽しい」、「あの人と話しているとどんどん話が盛り上がるね。」といったことがあります。また、これと反対のこともありますね。これは、聞き手が上手に話を聞いているかどうかによって変わってくることなのです。

どんな話も聞きたくなければ耳に入ってきません。また、自分の考えが違うと初めから決めつけて聞いていますと、相手の話を正しく聞くことができません。ここでも聞き手の話し手に対する意識（相手意識）が大きく影響してきます。

そこで、まず素直に、虚心に聴くことが大切です。もっと言えば、共感的に、そうだなあと受け止めながら聴くことが大切なのでしょう。そのように聴けば、わからないとかつまらないとか思っていた話の内容が次第に分かってきます。相づちをうったり、うなずいたり、ほほえんだりすると話し手は自分が受け入れられていると感じて一生懸命に伝えたい気持ちを高めて話してきます。こうしてコミュニケーションは深まります。

次に、聴いたことについて、その内容について、感想や意見を述べていきます。大切なことは、常に、「しかし」で始まる話し方ではなく、「そうですね。」などの相手の話を受け入れることから話を繋ぐといいと言われています。その上で、少しずつ話を発展させたり新しい話題を出して深めたりしていきます。このようなコミュニケーションを「共話」と言いますが、これは、日本特有のものだそうです。「共話」においては、聞き手の力が大変重要な働きをすることになります。対話や話し合いにおいてはむしろ聞き手がコミュニケーションをリードしているとさえ言えます。対話の名人の河合隼雄氏や向田邦子さんの対話の記録を読むとそのことがよく分かります。対話のコツは、聞いたことについて少しずつ内容をずらしていくことだと言われていることも頷けます。

聞いたことがすべて分かるはずもありません。その時は、遠慮せずに、こう聞いたがこれでよいかと確かめたり、分からなかったことを訊ねたりしましょう。このことは、相手が誰であってもどんなことであってもかまいません。訊ねられたことによって話されたこと真剣に聞いていることや相手を大切に思っていることが伝わるはずです。大江健三郎氏は、どんなときでも聞いたことで分からないときは分かるまで訊ねるようにしていると書かれていました。このことがかえって前よりもよい関係をつくることになったとありました。もちろん自分の聞き方の悪さを棚に上げて訊くことではなく、礼儀を尽くして訊くようにすることを忘れてはなりません。

ウ　挨拶から始まるコミュニケーション

「知らない人と話すのはどうも」という人があります。話のきっかけが難しいという人もいますね。コミュニケーションのきっかけは、まず挨拶でしょう。挨拶は、お互いの気持ちを伝えることができる最も日常的な、気軽なものですね。挨拶することによって、その時の気持ちを交流し、その場の雰囲気を共有します。「おはようございます。」といっているうちに、次第に「今日は気持ちのいい日ですね。」という次のことばが生まれます。どんなときにも私たちはさまざまに挨拶をしてから話を始めています。挨拶をせずに用件を切り出されると、違和感を感じ唐突に思ってしまいます。普段から気軽に挨拶をする習慣を身につけましょう。身体言語の会釈や腰をかがめるしぐさなども一種の挨拶の意味を持っています。

4　「コスモスきれいですね。」の一言が紡いだ出会い

最後に、「コスモスきれいですね。」という一言がすばらしい出会いをつくったことをお話をしましょう。

十五年も前のこと、もう肌寒い晩秋の夕暮れのことです。その日は、多くの人と話して格別に忙しい一日でした。ものを言う元気もなく八本松の駅のホームに立ちました。その時、色とりどりのコスモスの花を腕一杯に抱えた女性に出会ったのです。話しかける元気はなかったのですが、コスモスのあまりの見事さについ「コスモスきれいですね。」と声を出してしまいました。誰か知り合いの人と話していたようなのでそのまま電車に乗り込みました。ところが、その人はわざわざやってきて、私の前の座席に腰をおろしたのです。

「きれいですね。お宅の庭のお花ですか。」「はいそうです。教室の皆さんに持っていってあげようと思いまして。」そんなやりとりから話は始まりました。「失礼ですが、教室って、なにか習っていらっしゃるのですか。さしつかえなかったら―」ということばに誘われて実はその教室は広島にあるギター教室であることを彼女は話し始めました。ギターと聞いて、似合わないと思ったので、ギターとは思いませんでしたと率直に感想を述べたのです。

「実は、大学の一年生の時に友達とギターを習い始めたのですが、友達は器用ですぐに上手になって一ヶ月で止めてしまいました。私はいつまで経っても上手にならないので今日まで続けることになってしまいました。そして、今は、ギター教室で教えています。」と言われるのです。私は、びっくりしました。ギターの先生であるということにも驚いたのですが、これまで思っても見なかったことにはっと気づかされたからです。

「不器用であることがかえってひとつのことを成功させることになる」すばらしいことですね。このことをきっかけに、二人は音楽のことを、私の娘が音楽に夢中になっていること、その方は絵も描いておられること、私の職場のこと等々、話は次から次へと弾みました。あっという間の三十分、広島駅に着いてしまいました。私は、たくさんの思いで胸一杯でした。名残惜しい思いで別れることになりました。

次の朝、受付から電話がありました。「先生、受付にコスモスの花がいっぱい届いていますよ。」慌てて、受付に駆けつけた時は、その人は花を置かれてすぐに帰られたということでした。まことに、奥ゆかしい振る舞いではありませんか。

「不器用であること」は、決してマイナスのことではないのだということを気づかなかった不明さを恥かしく思いました。しかし、このささやかな出会いから宝物を得た思いはいつまでも忘れることができません。その人は、美しく、静かに話しました。「コスモスきれいですね。」の一言がなかったら、こんな出会いは生まれなかったわけですから、一言が生むコミュニケーションの大切さを改めて思うのです。

おわりに

人生の楽しさの一つは人との出会い、ふれあいにあると言われます。さまざまな人との出会いが人生を豊かにします。思いがけない出会いがコミュニケーションから生まれます。

コミュニケーションを生み出す根底にあるものは、人間としての温かさであり、誠意であると思います。人の誠実さに支えられたことばはきっと人の心に響くことでしょう。

まずは、挨拶から、「おはようございます」「今日は」「ありがとう」「すみません」のことばを素直に、気持ちをのせて伝えることから始めてみましょう。きっと新しいコミュニケーションが生まれ、人間関係も豊かになることはまちがいありません。これで終わります。ご静聴ありがとうございました。

注　この講話は、児童教育学科の全学生を対象にしたものです。また、兄はこの十月にフローレンス・パウエル氏とドイツで再会を果たすとのことです。

あとがき

昨秋の台風による屋根の破損がきっかけとなって、ここ数年あれこれと考えていた家の増改築に踏み切ることになった。年末に始まった工事が思いがけず次の年の五月にまで及ぶ大工事となり、改築をする家で、生活をしながらの工事がいかに住人を疲弊させるものであるかを身に沁みて感じることになった。

かなり工事が進んだ二月末、かつてこの家を新築したときの現場監督であったが今は関係のないN氏がやって来た。彼は、開口一番「先生、お疲れでしょう。」と。さらに、「増改築をするときは、その家に住んでいる人のことを一番に考えなくてはいけない」と自分はかつての工務店の社長にたたき込まれたと話したのである。彼の明るい声とああ分かってもらえたという思いが、いままでの鬱積を一挙に溶かしていった。この頃、工事関係者同士のコミュニケーションの不十分さや、私たちへの説明不足、こちらの思いと異なる工事の進め方などがさまざまな行き違いを生み、私たちはそれに振り回されて疲れ切っていたのである。これが一番よい方法だからと押しつけられても、また、この手順で取りかかるのが一番よい、仕事をする側としての都合からいってもなどと言われても、誠意と熱意を感じることはできても、納得のいかないことが多く、それらが私たちを悩ましていたのである。

私は、N氏の言葉によって、改めて相手の立場に立つことの大切さと難しさを考えざるをえなかった。授業研究の出発は、自分の授業を振り返ることから、そして子どもの側に立って授業をとらえ直すことから始まる。子どもの立場に立って授業をとらえ直すことが授業改善の出発であり、基本であることは理解しており、誰もがそのことに取り組んでいるつもりである。誰もが子どものことを考えて授業を計画し、実践しているはずである。しかし、子どもたちのためになるからと言う理由で、このやり方がうまくやれるからといった教師側の口実で進めていることはないであろうか。経験を積めば積むほどこの傾向は強くなるのではないか。また専門的な知識や指導の力量が高まることが逆にこれがよいのだという決めつけをしてしまうことはないだろうか。こうしたことが子どもたちを悩まし意欲をなくさせているのかもしれない。自分では気付いていない場合が多いだけにこのことの罪は深いと思った。

しかしながら、ものごとを見ることは本当にむずかしい。授業を見ることもにおいても同様である。私自身、相手の立場に立ってものを見、考えることを心がけてきたつもりであるが、果たしてどうか。時間の少なさや、効率のよさなどがそのことを妨げる。新鮮な、柔軟な心を失っていることに気づかず、傲慢になってはいないだろうか。相手の立場を理解しながら、本質を逸脱することなく事実を的確に捉える目を持ちたいと思う。素直にものをみつめ、ありのままに受け止め、受け入れる。その上で、考えたり、批判したりするようにしなければならない。

自らの力不足によって、一つ一つの授業や教育研究のよさを、またその意義を的確に受けとめることが出来ていないことの反省を心に刻みつつ、それぞれの授業実践における実践者と子どもたちに思いを馳せながら筆を置く。

平成十七年　五月

著者　山本　名嘉子（やまもと　なかこ）
香川県生まれ。
奈良女子大学文学部卒業後、香川県、広島県の高等学校、中学校に勤務する。
1975年から広島県教育委員会・広島県立教育センターにおいて小・中・高等学校の国語教育を中心に教員研修に携わる一方、個別化・個性化の研究、自己教育力の育成等の研究に取り組む。
1994年広島県立教育センター副所長を退職、現在に至る。
〔現職等〕
日本国語教育学会　理事
安田女子大学教授
安田女子大学児童教育学会会長
安田女子大学教育総合研究所長
〔主な著書等〕
『国語科個別指導入門』　明治図書　1985
『学校におけるやる気の創造』（共著）広島教育研究所連盟　第一法規　1983
「求められる教師の自己教育力」新堀通也編『教師の人間力・行動力』　ぎょうせい　1981
「教育研究の進め方」『新学校教育全集28』　ぎょうせい　1995
「自己学習力を育てる国語科授業の探究」　安田女子大学大学院開設記念論文集　1995
『国語科授業研究の方法と課題』　溪水社　2000

確かな国語力を育てる国語科授業の探究

平成17年6月30日　発　行
平成17年9月20日　第2刷

著　者　山　本　名嘉子

発行所　㈱ 溪 水 社
広島市中区小町1－4（〒730-0041）
電　話　(082) 246-7909
ＦＡＸ　(082) 246-7876
E-mail: info@keisui.co.jp

ISBN4-87440-883-4　C3081